Invitations à la performance
de récits français médiévaux :
virtuosité, spectacle, érotisme

Evelyn Birge VITZ
New York University

Invitations à la performance
de récits français médiévaux :
virtuosité, spectacle, érotisme

Traduction Denis Hüe

Éditions Paradigme

Collection Medievalia
dirigée par Denis Hüe

N° 93

La loi du 11 mars 1957 n'autorisant, au terme des alinéas 2 et 3 de l'article 41, d'une part, que les copies ou reproductions strictement réservées à l'usage du copiste et non destinées à une utilisation collective et, d'autre part, que les analyses et les courtes citations dans un but d'exemple et d'illustration, toute représentation ou reproduction intégrale ou partielle, faite sans le consentement de l'auteur ou de l'éditeur, ou de leurs ayants droit ou ayants cause est illicite (alinéa premier de l'article 40). Cette représentation ou reproduction par quelque procédé que ce soit constituerait donc une contrefaçon sanctionnée par les articles 425 et suivants du code pénal.

All rights reserved. No part of this book may be reproduced in any form, by print, photoprint, microfilm or any other means, without prior written permission from the publisher and the copyright owner.

Des photocopies payantes peuvent être réalisées avec l'accord écrit de l'éditeur ou du Centre Français du Copyright (20 rue des Grands Augustins, 75006 Paris). Si vous souhaitez recevoir notre catalogue et être tenu au courant de nos publications, envoyez vos noms et adresse, en citant ce livre, ainsi que ceux des personnes auxquelles vous nous suggérez d'envoyer notre catalogue à :

Éditions Paradigme® 11 rue de Châteaudun 45000 Orléans
editions.paradigme@gmail.com

Les Éditions Paradigme sont une marque de Corsaire Éditions,
éditeur indépendant.
www.editions-paradigme.com

Traduction : Denis Hüe.
Lecture et corrections : Brigitte Hüe.

© Éditions Paradigme, Orléans, 2022
ISBN 978-2-868-781-062

Ce livre est dédié à mes étudiants – jeunes acteurs – à New York University, avec lesquels j'ai eu le grand plaisir d'explorer ces questions, et qui m'ont beaucoup appris.

Introduction

Nous savons que beaucoup d'œuvres narratives du Moyen Âge – en particulier des XIIe et XIIIe siècles – étaient récitées de mémoire par des jongleurs et des ménestrels : chansons de geste, contes et fabliaux, même les romans[1]. Mais comment conceptualiser ces performances[2] ? – comment même les imaginer ? Et dans quelle mesure les récits invitaient-ils à des performances diverses ? Les six chapitres de ce livre attirent précisément l'attention sur ce qu'on appellera « des invitations à la performance[3] ». Ces invitations existent dans des œuvres importantes et intéressantes : deux chansons de geste, plusieurs romans, et une (la seule) chantefable, tous datant des XIIe et XIIIe siècles. Or, si les œuvres narratives étaient destinées à la performance orale/vocale, beaucoup d'entre elles invitaient aussi à une performance d'ordre physique : autrement dit à l'imitation des personnages par le « performeur » (introduisons en français ce terme repris de l'anglais pour englober toutes les formes de conteurs, chanteurs, ménestrels, jongleurs, et autres : tous ceux qui *performent* des œuvres narratives). Certaines œuvres – dont celles qu'on évoquera dans ces pages – appelaient une performance d'ordre spectaculaire, voire d'authentiques tours de force.

---

1. L'argument qui est développé ici était présenté dans sa forme préliminaire dans *Orality and Performance in Early French Romance*, Cambridge, D. S. Brewer, 1999. Voir aussi Vitz, « *Romans Dir et Contar* : réflexions sur la performance des romans médiévaux » *Cahiers de littérature orale*, n° 36, 1995, p. 35-63 ; et *Performing Medieval Narrative*, éd. Evelyn Birge Vitz, Nancy Freeman Regalado and Marilyn Lawrence, Cambridge, D. S. Brewer, 2005 ; les chansons lyriques étaient bien entendu performées – chantées – aussi. Ce livre doit beaucoup à ma collaboration, pendant de longues années, avec Nancy Freeman Regalado et Marilyn Lawrence ; je tiens à les remercier ici. Je tiens aussi à remercier Denis Hüe pour son encouragement et pour sa traduction de ce livre.
2. On prend ici le mot performance dans le sens que lui a donné Paul Zumthor.
3. Ces chapitres ont paru dans des recueils de mélanges, en tant qu'articles, et dans des collections d'essais, ce qui est indiqué au début de chaque chapitre.

Il faut alors se demander de quelles sortes de performances relèvent les genres, et les œuvres elles-mêmes. Quels types de signaux constituent de claires invitations, et à quel type d'oralité ? Et comment ce que nous connaissons du contexte historique et littéraire peut-il nous éclairer ?

On approchera les XIIe et XIIIe siècles, qui constituent « l'aube du récit médiéval » (tel que celui-ci a survécu, du moins), mais davantage, et essentiellement, l'âge d'or de « l'art du conte » – du *storytelling* – médiéval. L'essor de la lecture orale et publique comme modes de performance, puis de la lecture silencieuse et privée est postérieur. D'ailleurs, à la performance dramatisée des récits succède le théâtre profane ; ceci en bonne partie, semble-t-il, parce que les jongleurs et les ménestrels – ces artistes de la performance – commencent à s'unir pour former des troupes[4]. L'âge du conteur professionnel qui travaille « en solo » est en déclin – et à la fin du Moyen Âge, le ménestrel n'est guère plus qu'un musicien, jouant de divers instruments, mais ayant perdu en quelque sorte la parole – l'art du langage.

Avant de présenter brièvement les chapitres de ce livre, il sera utile d'expliquer ce que on entendra ici – et ce que l'on n'entendra pas ! – par le mot *invitations*. Les invitations sont basées sur toutes sortes de renseignements contenus dans le texte. Une histoire – un texte – contient toujours beaucoup d'indices explicites et implicites : sa forme, ses thèmes majeurs et secondaires, le contenu de l'intrigue, la relation aux genres narratifs... Parmi eux, importants sont ceux qui concernent la *performabilité* du récit – les manières dont il invite à la performance. Par exemple, est-ce que ce récit invite au chant ? Contient-il de plus des références à des instruments de musique ? Ou semble-t-il plutôt destiné à simplement être récité, raconté ? Dans quelle mesure la voix du narrateur – son « je » – est-elle présente et audible ? Dans quelle mesure le récit

---

4. Parmi les études classiques qui mettent l'accent sur le rôle des ménestrels et des jongleurs dans l'histoire du théâtre on citera E. K. Chambers, *The Mediaeval Stage* (Oxford, Oxford University Press, 1903) et Grace Frank, *Medieval French Drama* (Oxford, Clarendon, 1954). Par rapport à ces questions, deux personnages historiques intéressants et importants du XIIIe siècle sont Jean Bodel et Adam de la Halle. Tous les deux incarnent, pour ainsi dire, la ligne floue entre ménestrel/conteur d'une part, et acteur/dramaturge de l'autre. Il est clair qu'à Arras les ménestrels et les jongleurs travaillaient ensemble pour faire du théâtre : Carol Symes, *A Common Stage: Theatre and Public Life in Medieval Arras* (Cornell : Cornell University Press, 2007).

met-il l'accent sur les voix individuelles des personnages ? Ces derniers parlent-ils beaucoup au discours direct ? Leurs actions et/ou leurs gestes sont-ils spécifiés et faciles à reproduire ?

Les spécialistes littéraires mettent souvent l'accent sur certains détails contenus dans une œuvre pour suggérer – solliciter, inviter – une interprétation particulière. De la même manière, dans les chapitres de ce livre je traiterai des éléments qui invitent à certains types de performance.

Or invitation n'est pas contrainte. Nous savons bien que les lecteurs – quels que soient les renseignements contenus dans un texte – se sentent libres d'interpréter les œuvres qu'ils lisent à leur manière, et ils y trouvent des interprétations fort diverses. Certaines de ces interprétations prennent appui sur des éléments présents dans le texte (des éléments que d'autres lecteurs ont peut-être manqués ou auxquels ils n'étaient pas sensibles) ; d'autres peuvent provenir de l'application d'un cadre théorique ; d'autres encore peuvent surgir des préoccupations et des prédispositions des lecteurs eux-mêmes : aux livres que nous lisons nous apportons notre expérience de la vie et nos propres valeurs.

En ce qui concerne la liberté des acteurs/conteurs dans la performance, j'en suis devenue très consciente : depuis plus de quinze ans, je donne un cours à New York University intitulé « Acting Medieval Literature » dans lequel la plupart des étudiants sont des acteurs inscrits dans divers studios de la Tisch School of the Arts. Dans la classe, après avoir discuté de chaque texte au programme, les étudiants jouent – « performent » – un passage de l'œuvre. Nous avons toujours évoqué en détail les renseignements que nous pouvons dégager du texte en question – mais je suis souvent surprise par les interprétations que les étudiants donnent à leurs passages[5]. On voit dans leur travail non seulement leur sensibilité à l'œuvre mais aussi leurs talents particuliers (et leurs limites). Les étudiants qui sont naturellement comiques ont naturellement tendance à faire briller leur sens de l'humour, même dans un passage assez grave. Les étudiants aux talents acrobatiques,

---

5. Visiter « Performing Medieval Narrative Today: A Video Showcase » – mednar.org – pour voir des performances par des étudiants, aussi bien que par des performeurs professionnels.

ceux qui ont une belle voix, ou qui jouent d'un instrument de musique, ou qui ont été formés dans une approche théâtrale « expérimentale » mettent en œuvre leurs talents et leur formation. Bref, les acteurs – les performeurs – tout comme les lecteurs, ont leurs propres prédispositions qui viennent de leur tempérament ou de leur formation : de la nature et de la *nourreture*.

Certaines des invitations présentées dans le livre peuvent bien avoir reçu des réponses affirmatives par des performeurs médiévaux ; l'évidence suggère que c'est le cas. D'autres invitations peuvent ne pas avoir été réalisées – ou rarement – en partie à cause d'un manque de talents ou de ressources. Par exemple, pour plusieurs œuvres je présente l'hypothèse d'une performance par un groupe d'acteurs capables de jouer ensemble, et jouissant de talents particuliers comme la danse, le chant, et/ou la capacité de jouer de certains instruments. Mais ces ressources et ces talents peuvent avoir fait défaut. Ou bien un texte peut solliciter l'art d'un soliste qui serait un vrai homme-orchestre – mais les performeurs n'avaient pas tous cette force et cet éventail dramatique ; il n'était sans doute pas donné à tout le monde de faire des transitions instantanées d'un personnage à l'autre. Bref, on fait ce qu'on peut – les performeurs tout comme nous.

Un autre élément a également dû influencer la capacité et la volonté des performeurs médiévaux à répondre aux invitations présentes dans le texte : c'est le mécénat, au sens large du mot – les gens qui payaient et qui commissionnaient les performances. Pour être rétribués, les performeurs professionnels devaient plaire à leurs mécènes[6] – et ce qui plaisait aux commanditaires a visiblement beaucoup varié dans le temps et l'espace du Moyen Âge. Il y avait, par exemple, des mécènes royaux, nobles, bourgeois, monastiques – tous aux goûts différents – aussi bien que les publics villageois et autres, des hommes et des femmes, etc. Il y avait de plus toutes sortes d'occasions – événements joyeux et tristes, religieux et profanes – dans lesquelles les performeurs devaient s'inscrire et plaire. Et dans le domaine des performances, les modes ont changé à travers le temps, comme le font toutes les modes – et les mécènes riches étaient sans doute particulièrement sensibles à de telles considérations. En somme,

---

6. Sur cette dimension, les performeurs professionnels sont différents des lecteurs privés qui sont libres de lire et d'interpréter selon leur désir.

beaucoup d'éléments différents ont influencé la capacité des performeurs à répondre aux invitations implicites ou explicites d'une œuvre.

Commençons par la chanson de geste, associée à la performance par les jongleurs. Le premier chapitre aborde « La performabilité dans le cycle de Guillaume d'Orange : *La Prise d'Orange* et *Le Moniage Guillaume* ». J'y compare deux épopées très proches à bien des égards. Toutes les deux s'occupent de ce personnage énorme, mémorable et (souvent) comique, Guillaume d'Orange. Dans *La Prise d'Orange*, il conquiert la ville « païenne » d'Orange ; dans *Le Moniage Guillaume*, il devient un moine (il n'y réussit nullement même s'il deviendra plus tard un saint). Ces deux chansons offrent aux performeurs une forme de jubilation à incarner le personnage de Guillaume – à le montrer d'une manière dramatique, aussi bien qu'à démontrer leurs talents de jongleurs. Mais malgré ces similarités frappantes, les deux chansons sont très différentes dans la nature de leurs invitations à la performance – ici, la distinction, si utile dans l'analyse narrative, entre « montrer » et « raconter » se révèle essentielle. Certaines œuvres narratives montrent les personnages et leurs actions : il y a beaucoup d'*impersonation* – d'imitation des personnages par le performeur – et les événements sont racontés surtout au présent : le conteur/performeur les joue donc devant nos yeux. Par contre, dans une œuvre caractérisée davantage par l'art de « raconter, » il y a davantage de résumés narratifs, et la voix du narrateur/conteur prédomine. Dans *La Prise d'Orange* apparaît surtout l'art de montrer : les personnages sont tous dramatiques et mémorables. D'ailleurs ce n'est pas Guillaume seul qui attire notre attention et appelle les dons dramatiques du performeur, mais tous les personnages – tous les guerriers – y compris plusieurs Sarrasins. Et la belle Orable ! Un personnage féminin haut en couleur, aux répliques puissantes : ses actions créent, en quelque sorte, l'intrigue. (Guillaume la gagne/la vole à son mari sarrasin et l'épouse à la fin). Orable vole littéralement la vedette : c'est un personnage que les performeurs étaient invités à imiter – à incarner – d'une manière fortement dramatique. Le performeur est amené à glisser rapidement d'un personnage à l'autre, à passer de Guillaume (qui devient follement amoureux tout en restant un guerrier redoutable) à l'inoubliable et puissante Orable, ainsi qu'à tous les autres personnages. La voix du narrateur ne domine que rarement, mais (on le verra) il lui arrive de prendre les rênes de l'histoire.

Le Moniage est dominé davantage encore par l'art de montrer, et la performabilité des personnages varie radicalement dans les deux chansons de geste. Dans La Prise, Guillaume est en compétition, pour ainsi dire, avec d'autres grands guerriers (les autres Français et les Sarrasins) comme avec Orable : les performeurs étaient invités à créer et à incarner une gamme très vaste de personnages dramatiques. En revanche, dans Le Moniage, c'est le personnage de Guillaume qui domine entièrement, par sa présence physique étonnante, ses discours et ses exploits. Personne ne lui ressemble ; il n'y a pas de compétition, c'est le seul homme accompli, le seul personnage mémorable. Les autres personnages sont bien pâles en comparaison avec lui, et semblent assez méprisables. Par exemple, les moines sont petits, craintifs et envieux, et on les distingue à peine les uns des autres. Pour ce qui est de la performance, Guillaume est vraiment la vedette. Et ce qui est clair, c'est que la performance de ces chansons de geste invitait, de manières diverses, à une forme de virtuosité.

Les invitations à la performance ne sont nullement limitées à la chanson de geste ; on les trouve aussi dans le roman médiéval. Le chapitre suivant : « La théâtralité et ses limites : Le dialogue et l'art du conteur dans les romans de Chrétien de Troyes » explore les manières dont le conteur – en particulier, dans les romans de Chrétien – est invité à glisser rapidement d'un personnage à l'autre. Ce chapitre propose deux constats : d'une part, que les romans de Chrétiens sont puissamment dramatiques grâce à son emploi fréquent du discours direct dans les dialogues. Il y a de nombreux personnages dramatiques dans ses romans et ils disent des choses mémorables – souvent, d'ailleurs d'une manière elle-même mémorable. D'autre part, les romans de Chrétien nous rappellent toujours les limites de la théâtralité du récit performé car le conteur/performeur (à l'origine Chrétien lui-même ?) doit rester un homme-orchestre : il doit jouer, à lui seul, tous les personnages.

« La performance bigarrée d'*Aucassin et Nicolette* » montre comment la chantefable invite à une performance extrêmement riche et variée, au cours d'une seule performance de l'œuvre. C'est-à-dire que dans cette œuvre, nous passons non seulement d'un genre à l'autre, mais aussi d'un performeur seul à un groupe de performeurs ; du récit au mime puis au drame, de la parole au chant et à la danse, du jeu au récit, et ainsi de suite.

Introduction

Cette œuvre extraordinaire met l'accent surtout sur la performance – et sur les divers arts performatifs qui existaient à l'époque et qui étaient en concurrence à l'aube du XIIIe siècle.

Bien des œuvres médiévales que l'on considère surtout aujourd'hui comme des « livres », destinés donc aux lecteurs, invitent aussi à la performance – et cette invitation peut impliquer un vrai spectacle. Le chapitre « Le *Roman de la Rose*, performé à la cour » explore les invitations présentes dans ce roman, surtout dans la partie de Guillaume de Lorris. Le *Roman de la Rose* est bien entendu un livre – parmi les livres les plus réussis du Moyen Âge – et il a eu beaucoup de lecteurs. Mais, comme *Aucassin et Nicolette*, cette œuvre attire fortement l'attention sur ses possibilités performantielles, ouvrant la porte d'une manière tout à fait remarquable à la musique instrumentale, au chant, à la danse et au mime – au spectacle – parallèlement à la narration. L'évidence est présente dans le poème lui-même. Voilà qui est d'ailleurs conforme aux types de performances pratiqués à l'époque – et confirmé par certains des manuscrits du *Roman de la Rose*. Bref, il se peut fort bien que ce roman ait été non seulement lu (de plusieurs manières) mais aussi performé d'une manière spectaculaire devant la cour.

Dans « Une vitrine pour les talents : la performance dans *Flamenca*, la performance de *Flamenca* », il est encore une fois question d'un roman qui attire l'attention sur les arts de la performance et sollicite les talents d'un homme-orchestre. Le performeur est invité non seulement à incarner une gamme considérable de personnages – à nouveau en glissant très rapidement de l'un à l'autre – mais aussi un chant liturgique particulièrement maîtrisé.

Alors que les chapitres précédents mettent l'accent sur la virtuosité et même sur ce que la performance peut avoir de spectaculaire, le dernier chapitre parle d'un autre type de performance : la lecture érotique et intime par les membres d'un couple. Dans ce chapitre – « La lecture érotique au Moyen Âge : la performance et la re-performance du roman » – nous passons des performeurs professionnels (qui nous ont préoccupé jusqu'ici) à des performeurs amateurs, à de simples lecteurs (et lectrices) de romans. Il s'agit donc d'un autre sens du mot « invitation » : les lecteurs des romans d'amour se sentaient souvent invités non seulement à lire mais à rejouer, physiquement, dans leur propre vie, les histoires d'amour qu'ils lisaient ou entendaient lire.

Ce résumé rapide des chapitres de ce livre invite à poser la question : pourquoi mettre l'accent sur la performance ? Qu'est-ce que cela apporte ? En quoi cette perspective peut-elle aider à déceler les sens multiples des récits médiévaux ? La critique a eu tendance à mettre l'accent presque exclusivement sur les aspects cognitifs et intellectuels de la communication – et de la littérature. L'herméneutique domine. Mais les œuvres performées appellent aussi d'autres stratégies interprétatives – et contiennent d'autres types d'invitations. Il est utile de se rappeler que l'un des mots en français pour parler de l'acteur est « interprète ». À travers leur voix et leur corps, les acteurs et d'autres performeurs interprètent, c'est-à-dire *traduisent*, incarnent et influencent de manières multiples – et souvent surprenantes – le sens des œuvres qu'ils présentent[7].

La performance doit donc constituer l'un de nos angles d'attaque essentiels pour comprendre la littérature médiévale, et pour en *écouter les invitations*.

---

7. Le livre matériel et la mise en page peuvent produire le même type d'effet sur les lecteurs – mais de façon générale l'effet est nettement moins dramatique et direct que la voix et le corps du performeur.

Chapitre premier
La performabilité dans le cycle de Guillaume d'Orange : *La Prise d'Orange* et *Le Moniage Guillaume*[*]

Par le mot « performabilité » on entendra à la fois les possibilités et les contraintes de la performance auxquelles invite une œuvre narrative[1]. L'invitation peut être explicite, dans des remarques faites par le poète à propos de son œuvre[2], ou implicite, induite alors par des éléments tels que la forme, l'importance accordée au discours direct et aux gestes dramatiques, et la présence de la musique. L'invitation peut également être éclairée par des documents historiques ou littéraires qui traitent de la performance de cette œuvre ou d'œuvres analogues.

---

[*] Ce chapitre a paru en anglais sous le titre « Performability in the Cycle of Guillaume d'Orange : *La Prise d'Orange* and *Le Moniage Guillaume* » dans « *Il fist que proz* » *: Essays in Honor of Robert Francis Cook*, eds. Sara Jane (Dietzman) Miles and Stephen Martin, Edinburgh, British Rencesvals Publications, 2018, p. 167-185.

1. Parmi les livres et les articles où ces questions sont discutées, on renverra à *Performing Medieval Narrative*, éd. Evelyn Birge Vitz, Nancy Freeman Regalado et Marilyn Lawrence, Cambridge, D. S. Brewer, 2005 ; Evelyn Birge Vitz, *Orality and Performance in Early French Romance*, Cambridge, D. S. Brewer, 1999 ; « La Performabilité de la voix et du déguisement dans le récit et au théâtre : *Wistasse le moine* » *Pris-Ma* (Université de Poitiers), XXII n° 43-44 ; janvier-décembre 2006 (parution retardée 2009), p. 3-17 ; « Tales with Guts : A "Rasic" Esthetic in French Medieval *Storytelling* » *TDR [The Drama Review]*, 52 : 4, Winter 2008, p. 145-173 ; « Experimenting with the Performance of Medieval Narrative », avec Linda Marie Zaerr, *Performance and Ritual in the Middle Ages and Renaissance: Acts and Texts*, éd. Laurie Postlewate, Amsterdam, Rodopi, 2007, p. 303-315.
2. L'Introduction de ce livre offre une présentation préliminaire de ces questions. Il est à noter que dans bien des œuvres, les rôles respectifs du poète et du performeur sont difficiles à cerner.

La performance et la question de la performabilité ont une place légitime et importante dans nos recherches sur la nature et la réception des œuvres médiévales. La plupart des œuvres médiévales, narratives ou autres, étaient performées devant un public – et les poètes en avaient pleinement conscience en les composant. Beaucoup d'œuvres étaient récitées de mémoire et performées d'une manière plus ou moins dramatique devant des spectateurs/auditeurs. Parfois, il y avait plusieurs performeurs (je préférerai le mot « performeurs » principalement pour éviter toutes les discussions et les controverses à propos des mots « jongleur » et « ménestrel » et par souci de simplification : ce qui nous intéresse, c'est bien la performance et les performeurs, quels que soient les termes utilisés).

Bien des œuvres étaient chantées, parfois avec un accompagnement instrumental. Certaines œuvres étaient lues à haute voix, mais la lecture privée et silencieuse qui est la norme pour nous aujourd'hui était fort rare. Nous ne pouvons pas pleinement apprécier la nature et le charme d'œuvres destinées à la performance vocale et semi-dramatiques sans prendre en considération leurs possibilités performantielles. Nous ne devrions pas espérer apprécier les textes dramatiques sans les penser en termes de performance, et, à vrai dire, sans chercher à les voir joués. Il en est de même de la narration médiévale comme de la poésie lyrique. Nous savons que les œuvres médiévales ont souvent été remises au goût du jour : les poètes, les performeurs et les scribes les ont souvent modifiées alors qu'ils les présentaient à un nouveau public. La question de la performance peut nous apporter de nombreux enseignements sur la « mouvance » ; elle peut en particulier nous faire prendre conscience de questions essentielles dans l'histoire des mécènes et de leur mécénat, et nous sensibiliser à l'émergence de nouveaux espaces de performance comme à de nouveaux publics, de même qu'aux interactions et à la compétition entre les divers genres[3].

Chaque genre, comme chaque époque, soulève des questionnements particuliers à l'égard de la performance. Premières épopées médiévales françaises, les chansons de geste ont combiné de façon exemplaire

---

3. En explorant ces questions, j'ai fait beaucoup d'expériences concernant la performance de récits médiévaux avec des étudiants à New York University. Sur le site web que je co-dirige, « Performing Medieval Narrative Today: A Video Showcase » – mednar.org – on pourra visionner des performances des épopées discutées dans ce chapitre.

les quelques éléments de la performance : l'art du récit (*storytelling*), l'incarnation de certains personnages, le chant (ce sont, finalement, des chansons) ou au moins une parole soutenue, et le plus souvent, le jeu de la vielle ; tous ces points méritent examen. À l'intérieur du genre épique, les différents cycles présentent chacun des aspects particuliers et intéressants. Au sein des premières épopées françaises, le cycle consacré à Guillaume d'Orange se caractérise par la grande efficacité dramatique de son héros, en termes de performance[4]. Ce n'est pas tellement ce que Guillaume dit ou fait qui est surprenant. Ce sont plutôt sa voix, sa présence physique et son style qui sont remarquables. Il est bruyant, énorme ; son nez est difforme ; il est belliqueux, et souvent un peu fou dans ses comportements. Ce personnage invitait les performeurs à enrichir la narration (et vraisemblablement le chant) de l'histoire de Guillaume et ses hauts faits en incarnant largement le personnage, ce guerrier (et parfois cet amant) si haut en couleur. Guillaume leur offrait un atout idéal pour valoriser leur art de conteur et, plus encore, les dimensions dramatiques de leur art performatif.

Même à l'intérieur du cycle de Guillaume, les diverses chansons présentent le personnage physique et vocal de Guillaume de manières différentes – invitant donc à des performances de types différents. Telle chanson peut par exemple focaliser l'attention du public sur Guillaume, avec ses comportements radicaux et sa « folie » ; telle autre peut introduire et développer d'autres personnages dramatiques – ou bien mettre l'accent davantage sur l'art de la narration, plutôt que sur la présence physique dramatique de Guillaume.

Dans cette perspective, on va comparer dans ces pages le potentiel performatif de deux des chansons de ce cycle, datant de la fin du XIIe siècle : *La Prise d'Orange* et *Le Moniage Guillaume*[5]. Toutes les deux sont des chansons importantes du cycle : *La Prise* est une des épopées centrales pour ce qui est de l'accomplissement essentiel du héros : il conquiert la

---

4. Ce grand cycle a reçu beaucoup d'attention de la part des universitaires – mais presque rien en ce qui concerne sa performabilité. Le cycle existe en deux formes – un petit cycle (avec les chansons concernant Guillaume) et un grand cycle qui est plus dynastique.
5. Délaissons ici la nature chantée des chansons de geste et la présence possible d'instruments de musique. On s'intéressera ici à d'autres aspects des œuvres en question, comme par exemple la différence entre « montrer » et « raconter ».

ville d'Orange. Cette chanson introduit de plus la belle reine sarrasine Orable, qui deviendra la femme de Guillaume sous le nom de Guibourc. Orable représente un exemple fascinant du rôle grandissant des femmes dans les chansons de geste : il semble bien que les poètes et les performeurs d'épopées se mettent à inclure les femmes et l'amour dans les chansons de geste, impressionnés qu'ils sont par le goût croissant des mécènes et des publics pour la présence des femmes – et de l'amour entre un homme et une femme – dans le roman et la poésie lyrique.

Le Moniage nous peint Guillaume dans le rôle problématique du futur « saint Guillaume » : après la mort de sa femme, Guillaume entre au monastère, mais il ne peut nullement s'y adapter – il est trop grand, trop violent, trop turbulent. La chanson montre les interactions de Guillaume avec les moines, aussi bien qu'avec les larrons qui essaient de le voler et de le tuer – et fournit toutes sortes de belles opportunités pour les performeurs.

Dans les deux chansons, Guillaume est un personnage remarquable et, pour la plupart des lecteurs, divertissant (on verra cela plus bas). Mais les deux épopées diffèrent de manière intéressante dans la façon de le présenter et représenter. Dans *La Prise*, Guillaume a deux types d'identités et de comportements dramatiques : c'est un grand guerrier mais aussi un amoureux de plus en plus fou, et la tension entre ces deux facettes est forte et comique. Il y a par ailleurs d'autres personnages virils assez proches de Guillaume en tant que guerrier, constituant des entraves à sa prédominance dans le récit. Il y a beaucoup de coups échangés dans ce roman, et par beaucoup de personnages.

Par ailleurs Orable, dont il tombe follement amoureux, prend le premier plan sur bien des scènes, en compétition avec Guillaume, en quelque sorte. Les performeurs donc seraient invités à jouer et à imiter non seulement Guillaume au milieu d'autres barons dans ses deux identités mais aussi la belle Orable.

Dans *Le Moniage*, l'accent est bien plus fortement porté sur Guillaume (Orable est morte). Ici, nous voyons la tension entre l'identité fondamentale de Guillaume – c'est un guerrier – et sa tentative, improbable pour le moins, de devenir moine. Nous voyons ses luttes avec les moines : dans des scènes dramatiques Guillaume se bat avec eux et en tue même quelques-uns sans que ceux-ci soient différenciés. Nous le voyons se battre aussi avec des brigands, qu'il finit par tuer. Il est évident que Guillaume ne peut pas être moine ; il s'en va à la fin pour devenir un ermite-combattant. Regardons ces deux chansons de plus près.

La Prise d'Orange

Une bonne partie de la renommée de Guillaume provient des événements racontés dans cette chanson de geste et d'autres chansons du cycle y font référence. Les événements ici sont nombreux – il se passe beaucoup de choses, malgré la brièveté de la chanson : 1 881 vers. Guillaume y conquiert la ville sarrasine d'Orange et gagne pour lui-même la reine Orable, l'épouse du roi sarrasin Thibaut l'Esclavon (Orable prend le nom de Guibourc lors de son baptême). Dans cette épopée, la plupart du temps on nous « montre » plus qu'on ne les raconte les événements, qui ont lieu « maintenant, » et de nombreuses scènes dramatiques brèves s'inscrivent dans un contexte narratif assez discret. Les performeurs sont donc invités à faire appel à un art d'imitation dramatique et au dialogue pour animer le récit. Mais à certains moments, le narrateur parle clairement dans sa propre voix – ou celle qu'il a adoptée – et impose sa prépondérance sur le discours narratif.

Les personnages – Guillaume, les autres chevaliers français, les Sarrasins, et Orable – sont tous essentiellement « montrés » : tous s'expriment longuement, avec des gestes et des actions qui accompagnent leurs paroles. Guillaume est indéniablement le personnage central bien qu'Orable incite elle aussi à une performance forte et rivalise avec lui en importance ! Guillaume domine par sa position première dans le récit : il en est le héros et c'est aussi la première voix que nous entendons. Il domine également par la force de sa personnalité – sa grande présence physique, son nez étrange (raccourci par une épée sarrasine), sa voix et son rire bruyants et distinctifs, son côté fou ; cette chanson développe aussi sa nouvelle identité narrative en tant qu'homme éperdument amoureux.

Dès le début de l'épopée, Guillaume parle beaucoup et avec des sentiments marqués. Après une brève préface où le performeur invite son public à écouter une chanson sur Guillaume, le personnage, debout devant une fenêtre à Nîmes, se met à parler : il se souvient de la France, regrettant l'absence de « harpeor » et de « jugleor » et des jolies jeunes filles accortes.

Il meurt d'envie de combattre les Sarrasins, et se sent emprisonné. En quelques laisses il exprime, avec de soudains changements d'humeur, sa joie face au printemps, sa rage contre les infidèles, et beaucoup d'irritation de ne pas être au combat. Avec des déplacements physiques – tantôt devant la fenêtre, tantôt appelant ses hommes et circulant à grands pas – il démène « grande folie » (v. 101)[6].

Guillaume continue à parler abondamment et avec force, dans des monologues et des dialogues avec d'autres personnages. Le discours direct domine. Par exemple, des laisses VII à XIII – v. 180-332 – presque chaque vers est au style direct, quelques vers épars introduisent les discours et peuvent indiquer les réactions des personnages à ce qui a été dit ou à ce qui survient.

Les performeurs étaient donc invités à offrir à leur public non seulement les mots de Guillaume mais le comportement de Guillaume d'une façon théâtrale. Un jeune Franc, Guilebert arrive, évadé d'une prison sarrasine à Orange. Il décrit à Guillaume combien riche est la ville, combien les infidèles y sont cruels, et combien est belle la reine Orable. Et soudain, Guillaume tombe spectaculairement, physiquement amoureux d'elle.

> La porrïez dame Orable aviser,
> Ce est la feme a dant Tiebaut l'Escler
> Il n'a si bele en la crestïenté,
> N'en paienie qu'en i sache trover :
> Bel a le cors, eschevi et mollé,
> Et vairs les eulz comme faucon müé.
> Quant Deu ne croit e la seue bonté !
> Uns gentils hom s'en peüst deporter
> Bien i fust sauve sel vosist creanter. »
> Ce dist Guillelmes : « Foi que doi saint Omer,
> Amis, beau frere, bien la savez loër
> Mes, par celui qui tot a a sauver,
> Ja ne quier mes lance n'escu porter
> Se ge nen ai la dame et la cité. » (IX, v. 252-266)

---

6. Les citations de ce texte sont tirées de *La Prise d'Orange : chanson de geste de la fin du XIIe siècle*, éd. Claude Régnier. Paris : Klincksieck, 1972.

Il est peu vraisemblable que les performeurs se soient contentés de prononcer ces paroles de Guillaume – ils étaient certainement invités à jouer, d'une manière dramatique, un homme qui tombe, instantanément, violemment, amoureux, qui lève le poing en l'air pour jurer, qui jette au sol sa lance et son écu imaginaires. Et il y a beaucoup d'autres exclamations : Guillaume, fou d'amour, jure qu'il ne mangera pas de pain de froment, ni de viande, ni ne boira de vin avant d'avoir vu Orange et gagné la belle Orable : « La seue amor me destreint et justice / Que nel porroie ne penser de descrire / Se ge ne l'ai, par tens perdrai la vie » 290-292 (voir aussi les vers 365-373). Il doit avoir Orable, ou mourir ! De tels vers appellent un style « désespéré » de comportement dans la performance. Bref, le rôle de Guillaume, en tant qu'amant, est fortement dramatisé – et nettement « montré, » pas simplement « raconté. » Un performeur pouvait choisir de jouer cette scène de façon surtout comique[7], ou pouvait mettre l'accent sur la puissance transformatrice de l'amour. Ce choix peut bien avoir varié selon le performeur et peut avoir été déterminé par le mécène et/ou le public auxquels il s'agissait de plaire.

Les dimensions dramatiques de cette épopée vont bien au-delà de la simple incarnation des personnages, et engagent la performance d'actions ; les performeurs sont invités à imiter les actes qui font avancer l'intrique : non seulement à faire parler Guillaume d'une manière appropriée, mais à rejouer ses actions.

D'ailleurs ce n'est pas seulement Guillaume mais tous les chevaliers et combattants que le performeur est invité ou contraint à imiter, glissant

---

7. Sur l'idée que cette chanson de geste est essentiellement parodique, voir *La Prise d'Orange, ou La parodie courtoise d'une épopée*, Claude Lachet, Paris : H. Champion, 1986. Jean-Charles Payen a trouvé *Le Charroi de Nîmes* comique : « Le *Charroi de Nîmes*, comédie épique ? » In *Mélanges de langue de de littérature du Moyen Age et de la Renaissance offerts à Jean Frappier*, Genève : Droz, 1970, II, p. 891-902.) Philip Bennett met l'accent sur le comique du cycle en général : *Carnaval héroïque et écriture cyclique dans la geste de Guillaume d'Orange*, Paris : Champion, 2006. Par contre, Luke Sunderland ne met pas du tout l'accent sur le comique du cycle et ne semble pas trouver ces chansons drôles : *Old French Narrative Cycles: Heroism Between Ethics and Morality*, Woodbridge (Suffolk), D. S. Brewer, 2010, p. 23-62, p. 40-41, 47-49, 52-53. Sharon Kinoshita prend également ces oeuvres au sérieux : *Medieval Boundaries: Rethinking Difference in Old French Literature*, Philadelphia : University of Pennsylvania Press, 2006. J'opte franchement pour une interprétation comique de ce personnage et de ces chansons – mais les lecteurs et les performeurs sont libres !

de l'un à l'autre. Dans les scènes de combat, les performeurs peuvent bien avoir pris des postures agressives, avec des massues ou des épées imaginaires – comme dans cette scène, qui est caractéristique :

> Or fu Guillelmes enz el pales
> Et Guïelin ses niés, li alosez.
> L'un tint la hache, l'autre tint le tinel
> Grand coups en donent li vassal naturel.
> .xiii. Turs lor i ont morz gité
> Et toz les autres lor ont si effraé.
> Par mi les huis les en ont hors gité ;
> Puis les corurent veroiller et serer,
> A granz chaenes ont le pont sus levé. (XVII, v. 1640-1648)

Mais comme cette scène l'indique, la domination dramatique de Guillaume n'est pas entière. Il est vrai que Guillaume est le personnage masculin central : il est plus grand, plus fort, plus bruyant, plus mémorable que tous les autres, mais d'autres personnages masculins semblables sont présents : Guilebert, Bertrand et Guïelin, ainsi que plusieurs guerriers infidèles, dont certains portent un nom, d'autres pas. Parce qu'ils sont tous semblables à Guillaume en ce qui concerne leur âge et leur classe – tous sont mûrs et courageux – Guillaume en tant que guerrier ne se distingue pas entièrement des autres, et le performeur devait aller de l'un à l'autre, courant entre eux et frappant dans la confusion de la bataille.

Une autre scène peut être utile pour apprécier la nature des invitations et mesurer les difficultés performantielles présentées par cette chanson de geste : c'est l'entrée des Français dans la ville d'Orange (à partir de la laisse XIV). Guillaume, Guilebert et Guïelin se déguisent en truchements (interprètes) africains. Il fallait donc que le performeur fasse les trois personnages, faisant semblant de se couvrir d'encre : Guillaume et Guilebert peignent tout leur corps, de la tête aux pieds ; ils ressemblent à des diables. À l'entrée de la ville, Guillaume essaie aussi de cacher son corps énorme et de baisser son nez pour ne pas être reconnu – ce sont là des traits physiques qui le distinguent des deux autres Français. Une fois à l'intérieur de la ville, Guillaume est pour un certain moment au centre du récit : interprète chef, il parle probablement avec un accent bizarre, « arabisant » – les accents étrangers et régionaux étant toujours appréciés dans le récit et au théâtre du Moyen Âge (comme par exemple dans le *Roman de Renart* et la *Farce de Maître Pathelin*). C'est une scène comique, dont la pleine efficacité exigeait sans doute d'être non seulement racontée ou décrite, mais jouée et incarnée – et par un performeur qui jouait non seulement Guilllaume mais aussi tous les hommes déguisés, ainsi que leur comité d'accueil sarrasin !

La capacité d'un performeur/conteur à fournir une représentation dramatique de beaucoup de personnages à la fois a des limites ! Le fait même qu'il les joue tous (et, dans d'autres scènes, encore d'autres personnages encore) aurait vraisemblablement compliqué considérablement le recours aux costumes ou aux accessoires[8].

Il faut maintenant présenter le personnage qui rivalise avec Guillaume, en tant que personnage à imiter et incarner : Orable, la ravissante reine sarrasine. Elle possède indiscutablement la voix et la présence humaine les plus distinctives et puissantes – uniques ! – de l'œuvre. Sa voix et son corps sont puissants non seulement parce que c'est ici la seule femme mais surtout parce qu'elle est belle et désirable. L'imitation d'Orable invite un style de performance fort différent de celui qui prévaut pour tous les autres personnages. Une autre raison de l'importance dramatique d'Orable est que sa voix varie beaucoup, aussi bien que son humeur – son émotivité. Elle commence par se comporter d'une manière courtoise mais assez froide envers les Français : son accueil est plutôt distant et royal ; mais elle révèle bientôt un intérêt très fort pour eux – Guillaume en particulier – et elle devient séductrice, disant à propos du héros : « Liee est la dame en cui est son coraige » (v. 733). Elle devient féroce et menaçante envers les autres Sarrasins ; elle les insulte ; en particulier, elle menace violemment et insulte son beau-fils, Aragon, qui refuse de lui livrer les prisonniers français qu'il a capturés :

> La dame l'ot, a pou d'ire ne font.
> « Mal le pensastes, filz a putain, gloton !
> Par Mahomet qui ge pri et aor,
> Ne m'estoit ore por cez autres barons,
> Ge vos dorroie sor le nes de mon poing.
> Isnelement issez hors de la tor !
> Ja plus ceans mar seroiz a sejor. » (XLI, v. 1238-1243)

---

8. Sur cette question, voir d'autres chapitres dans ce livre, surtout le deuxième (p. 33) et le quatrième (p. 65).

Elle parle d'une façon téméraire en cherchant la main et l'amour de Guillaume :

> « En moie foi, » dist la roïne Orable,
> Se ge cuidoie que ma paine i fust sauve,
> Que me preïst Guillelmes Fierebrace,
> Se vos metroie toz trois hors de la chartre,
> Si me feroie crestïenner a haste. » (XLVI, v. 1374-1378)

La reine sarrasine est en fait – et de loin – le personnage le plus complexe ici. L'aspect imprévisible de sa voix et de ses paroles, le mystère de sa motivation, ajoutent beaucoup au suspens de l'histoire (à un certain moment, les Français croient même, à tort, qu'elle les a trahis).

Orable est un personnage pleinement dramatique ; ses actions physiques font avancer l'intrigue. Dans un passage important, Guillaume fait sa déclaration d'amour à Orable et il la supplie de lui donner des armes pour se défendre : elle prend l'épée que son vieux mari a laissée derrière lui à Orange, et elle l'attache aux côtés du héros français.

> La dame l'ot, s'a de pitié *ploré*
> *Cort* en sa chambre, n'i a plus demoré.
> A un escrin que ele a deffermé
> En a *tret hors* un bon haubert saffré
> Et un vert heaume, qui est a or gemé
> Guillelme encontre le *corut* aporter.
> Et cil le *prist*, qui tant l'ot dessirré
> Il *vest* l'auberc, si a l'eaume *lacié*
> Et dame Orable li *ceint* l'espee au lé
> Qui fu Tiebaut son seignor, a l'Escler.
> Ainz ne la volt a nul home doner,
> Nes Arragon, qui tant l'ot desirré,
> Qui ert ses filz de moillier espousé.
> Au col li *pent* un fort escu listé
> A un lion qui d'or fu coroné,
> El poing li *baille* un fort espié quarré,
> A .v. clos d'or le confanon fermé.
> « Dex, dist Guillesmes, comme o sui bien armé !
> Por Deu vos pri que des autres pensez. » (XXX, v. 941-959)

Tous les verbes en italique ici donnent l'impression de hâte et de force – ce sont des actions surprenantes et décisives. Ces actions de la part d'Orable

– en particulier, l'acte de ceindre l'épée de son mari à Guillaume – sont bien plus que de simples gestes colorés d'éventuelles implications érotiques (et peut-être comiques aussi). Ce passage constitue le tournant de l'histoire sur le plan dramatique : nous savons maintenant que Guillaume va conquérir et Orange et Orable.

Il est clair qu'une stratégie narrative de *deixis* est présente dans beaucoup de scènes dramatiques de cette épopée. La plupart du temps la voix du narrateur n'est là que pour mener le public d'une scène à l'autre. Mais parfois le narrateur se fait davantage présent et donne des résumés de l'action. C'est le cas en particulier lorsqu'il s'agit d'établir du suspens ou lorsque les événements se déroulent rapidement. À la fin de la chanson, la voix du narrateur crée et manie le suspens, abandonnant en quelque sorte les voix des personnages et cessant de les imiter. Dans les laisses finales, le narrateur nous mène vers le dénouement, disant que l'aide française (dont les prisonniers avaient grand besoin) est arrivée ; tous les Français pleurent de joie. Les choses vont s'arranger – le suspense est terminé :

> Sus el palés sonent un olifant
> Cil dehors s'arment as tres et as brehans.
> Li cuens Guillelmes qui fu preuz et vaillanz !
> Les ponz avalent, si descendent a tant,
> Vienent as portes de la cité vaillant,
> Si les ovrirent tost et delivrement
> Et cil dehors vont par dedenz entrant
> Monjoie escrïent et derrier de devant.
> De cele joie sont paien esmaiant
> As armes corent li cuvert soudüant,
> As lors hostieus issent de maintenant,
> Por eaus deffendre garni furent errant
> Mes ne lor vaut la montance d'un gant,
> Que trop i ot de la françoise gent
> Tote la vile a porprise Bertrans. (LX, v. 1809-1823)

Ici le conteur domine et raconte la conquête rapide d'Orange. Il précipite les événements : l'armée française entre rapidement dans la ville. Dans les deux dernières laisses, le narrateur raconte à marche forcée le baptême d'Orable – l'eau bénite est « jetée » dans les fonts – puis le mariage entre Guillaume et Guibourc (l'évêque qui est là a dû arriver par l'avion de Nîmes !). Ce n'est qu'ensuite que le rythme se relâche pour décrire les fêtes de mariage : les joueurs de harpe et les jongleurs, dont Guillaume regrettait tant l'absence au départ, sont maintenant là pour égayer l'affaire – et évoquer pour finir les trente ans de vie conjugale du ménage à Orange.

Le Moniage Guillaume

Passons maintenant aux renseignements performantiels présents dans Le *Moniage Guillaume*. C'est une chanson située vers la fin de la vie de Guillaume (on s'attachera ici à la version brève de la chanson). Après de longues années de mariage, Guibourc meurt, et Guillaume entre au monastère. Mais – on aurait pu s'en douter – c'est un moine colossal et turbulent, qui mange énormément et qui terrifie les autres moines avec ses gros poings, ses rages, et son comportement violent. Les moines, l'ayant pris en haine, conspirent avec l'abbé pour s'en débarrasser : on l'envoie faire une course à travers une forêt remplie de méchants brigands ; il semble certain que les brigands – qui tuent tout le monde – le tueront lui aussi. Mais Guillaume survit – et il réussit à tuer tous les voleurs. Il revient au monastère et se venge des moines (il les bat et il en tue quelques-uns...). Puis, appelé par un ange – et avec la permission enthousiaste de l'abbé et des moines – il quitte le monastère et s'en va terminer ses jours en ermite (il y a des lacunes à la fin du manuscrit, mais il deviendra saint Guillaume du désert).

Le *Moniage Guillaume* accorde encore plus de place que *La Prise d'Orange* à l'art de montrer : l'importance du dialogue et de l'imitation y est encore plus grande. D'ailleurs dans *Le Moniage*, Guillaume a une présence encore plus distinctive et « performable » car dans cette chanson il est, de loin, le personnage le plus dramatique et intéressant. Les autres personnages semblent ternes en comparaison.

Cette chanson est constamment égayée et animée par des dialogues. Les personnages parlent beaucoup et il y a très peu de discours indirect. Au début de l'œuvre, Guibourc (née Orable) meurt, et Guillaume, appelé par un ange, part pour un voyage mystérieux. Il entre dans l'église Saint-Julien :

> El moustier entre Guillaume Fierebrace,
> Lieve sa main, si saine son visage
> Il s'agenoille si encline l'image :

> « Saint Julien, jou sui en vostre garde
> Jou lais pour Deu mes castiaus et mes marces
> Et mes chités et tout mon iritaige.
> Saint Julien, jo vous commant ma targe
> Par tel couvent le met en vostre garde,
> S'en a mestier Lööys, li fils Charle,
> Et mes filleus qui tient mon iritage,
> Contre paiens, la pute gent salvage,
> Reprendrai le. S'ous rendrai trëuage,
> Trois besans d'or ; au Nöel et a Paske
> Les vos rendrai, a trestout mon ëage. » (III, v. 77-90[9])

Dans cette scène, Guillaume parle, il s'agenouille et il prie. Il place son écu devant l'autel. Ensuite il remonte à cheval et s'en va. Ce sont autant de gestes – d'actions – qu'un performeur est invité à imiter. Et ses paroles constituent le premier de ses nombreux monologues (et dialogues), dont tous sont accompagnés de gestes importants et performables.

Guillaume entre dans le monastère, mais bien qu'il désire faire pénitence pour ses péchés, il s'adapte fort mal à la vie de moine : son inaptitude à cette vie est rendue très claire dans des scènes dramatiques, où on voit les réactions des moines face à Guillaume et ses réactions face à eux : Guillaume reste « Fierebrace » : énorme et effrayant ! Les moines se fâchent parce qu'il mange et boit beaucoup trop, et sa robe de moine comprend une quantité d'étoffe excessive. Et puis il bat des moines qui l'irritent – c'est son habitude ! L'abbé, troublé par ce qu'il entend, fait venir Guillaume, qui ne lui parle nullement d'une manière soumise et humble, mais sur un ton téméraire et même menaçant :

> Et dist Guillaume : « Sire abes, que volés ?
> Mout voi ces moines envers moi äirés
> Mais, par l'apostele qu'on quiert en Noiron Pré,
> S'un seul petit me font mais äirer,
> Tant en ferai trebucier et verser

---

9. *Les deux rédactions en vers du Moniage Guillaume*, éd. Wilhelm Cloetta, New York : Johnson Reprint, 1968 ; 2 vols. Vol. I. [Paris : Firmin Didot, 1906-1911.] Il y a une édition récente de cette chanson, mais uniquement de la rédaction longue : *Le Moniage Guillaume, chanson de geste du XIIe siècle*, éd. Nelly Andrieux-Reix, Paris, Champion, 2003.

> N'aront talent de matines canter,
> Ou il feront toute ma volenté. » (XI, v. 277-283)

Les performeurs étaient invités à présenter ce discours – et beaucoup d'autres du même type – avec une voix agressive, des gestes de colère, et peut-être en roulant les yeux (Guillaume les roule souvent). Il faut noter que les performeurs avaient des choix intéressants à faire en imitant Guillaume : est-ce un personnage essentiellement sympathique, « bigger than life », caricatural, sans doute, mais admirable ? « Il est comme ça ! » Ou bien, fallait-il l'interpréter d'une manière plutôt négative ? Est-il, par exemple, trop violent ? L'interprétation a pu (même dû) varier selon le performeur, le public, l'occasion.

Comme dans *La Prise d'Orange*, ce n'est pas simplement que ses paroles le « caractérisent », mais elles constituent une façon essentielle de faire avancer l'intrigue. C'est-à-dire que selon toute vraisemblance, les performeurs avaient tendance à jouer, et non simplement raconter, cette histoire – en tout cas ils étaient invités à le faire ! L'abbé envoie Guillaume à travers une forêt dangereuse, espérant qu'il sera tué par des brigands. Mais d'abord il parle à Guillaume, dans un monologue assez long, où il lui dit qu'au cours de ce voyage il ne doit pas se battre, puisqu'il est maintenant un homme de paix. Même si des voleurs essaient de lui voler son cheval, ses gants, ses bottes, sa tunique, il ne doit pas se battre. Il peut se défendre seulement si les brigands essaient de lui voler ses braies – et même dans ce cas, il ne pourra se défendre avec des armes de guerrier – seulement avec « chair et os. » Or le détail concernant les braies donne une belle idée à Guillaume ! Il fait faire une belle ceinture d'or pour les soutenir ; à cette ceinture il adresse des mots affectueux :

> « Brier, » dist il, « mout te doi avoir cier :
> Tu m'as cousté a faire maint denier.
> Tels te verra, par le cors saint Ricier,
> Se il te prent auques a convoitier,
> Tant qu'il te voelle de mes braies sacier
> Mien ensïant, il le conparra cier. » (XVI, v. 371-376)

Un performeur qui jouait Guillaume était invité à imiter physiquement son affection pour cette ceinture d'or (qui sera importante par la suite).

Dans la forêt, Guillaume rencontre bien les brigands – mais ils viennent essentiellement parce qu'il les appelle lui-même : il oblige le serviteur qui est avec lui (un autre joli rôle pour le performeur!) à chanter une chanson épique à propos de Guillaume d'Orange, et à la chanter si fort que les brigands ne peuvent pas ne pas l'entendre. Ensuite, au style direct, Guillaume les provoque de façon qu'ils essaient de voler sa belle ceinture. Alors il les tue tous, dans une scène hautement visuelle et décrite en détail, coup par coup. (Une scène semblable et également visuelle a lieu lorsque Guillaume revient, sain et sauf, au monastère et se venge des moines déloyaux en les battant ; il n'en tue par trop cependant...).

Guillaume est ici un personnage grand, fort, remarquable – et il invite à une performance encore plus dramatique que ce qu'on trouve dans *La Prise d'Orange*. Dans *Le Moniage*, Guillaume est vraiment unique, totalement sans pair : personne ne lui ressemble, alors que dans *La Prise* il était entouré d'hommes essentiellement du même type. Ici dans *Le Moniage* c'est le guerrier, le seul, étranger à son environnement.

Les autres personnages de l'épopée sont amusants et faciles à jouer, mais ils ne rivalisent pas avec Guillaume en termes d'intérêt dramatique. Ces personnages mineurs sont de deux types. D'abord l'abbé et la foule indistincte des moines. Les performeurs étaient sans doute invités à les jouer comme des êtres envieux, des mauviettes terrifiées par Guillaume. Il est difficile de concevoir que les moines aient jamais été performés d'une manière très positive – mais, encore une fois, les performeurs sont libres ! Très tôt dans l'histoire, on entend les moines (toujours au pluriel, il n'y a pas d'individu parmi eux) se plaindre de Guillaume, l'imitant et se moquant de sa taille énorme et de son appétit excessif.

> Li autre moine li portent grant envie,
> Dient entr'aus : « mout par est grant folie !
> Nostre abes fist une grant diablie
> Quant il cest home rechut en abeie ;
> De si grant coust ne vi home en ma vie :
> Quant nos avons une mice et demie,
> Il en a trois, ne s'en saole mie.
> Mal dehet ait tel moine en abeie !
> Qui chi le mist, li cors Dieu le maudie,
>   Qu'il nos fera tous honte !

X

> « Quant nos avons cinc aunes en nos gones,
> Il est si grans que il l'en convient dose,

> Et chape et cost et la pelice encontre.
> A paines june de midi dusqu'a none
> Au main menjue trois mices grans et bones,
> N'i remaint point de mie e de croste.
> Quant a des feves, si demande la joute
> Et les poisons et le bon vin encontre
> D'un grant sestier n'en remanra ja gote.
> Quant est saous, si nos cace et deboute,
> Si nos fait toute honte. » (IX-X, v. 184-206)

L'autre groupe de personnages secondaires est composé des quinze brigands (sans nom). Ce sont d'authentiques méchants, ils viennent d'étrangler d'autres moines du voisinage. Ce sont des personnages assez dramatiques et ils parlent d'une manière énergique, au discours direct, et entre eux et avec Guillaume (ils le volent, le menacent et essaient de le tuer). Ils sont certainement méchants, mais ils sont assez comiques aussi – essentiellement parce que Guillaume réussit si entièrement et d'une façon si drôle à leur faire peur et ensuite à les exterminer. Lorsqu'enfin ils essaient de voler sa ceinture, Guillaume – qui attendait impatiemment ce moment ! – se lance à l'assaut. Il empoigne les brigands, l'un après l'autre, cogne les têtes ensemble et en défonce les crânes – tout en leur parlant et en se parlant à lui-même. Dans le passage cité ici, il en est au septième brigand, qu'il balance en l'air trois fois avant de l'écraser contre un chêne :

> Et le setisme par les cheveus coubra,
> Trois tors le torne, et au quart le rua
> Encontre un caisne, que tout le conbrisa
> Puis si a dit : « Quant d'ist relevera,
> Ja de canter talent ne li prendra.
> Mout par fu fols quant mes braies m'osta.
> De tolir braies n'oi parler piech'a.
> Se nus les veut, si se traie en escha
> Bones saudees de mon poig portera,
> Si que, jou quit, ja mais ne robera
> Moi ne autrui qui le cemin ira. »
> Quant cil l'entendent, chascuns s'espoenta
> Dist l'uns a l'atutre : « Quel diable chi a !
> S'ensi se tient, nus n'en escapera. »
> Il se ralient et de cha et de la
> Lancent li lances et dars que chascuns a,

> Dex le gari, que nus ne l'adesa.
> Voit le li quens, Damedieu reclama ;
> « Si voirement con le ciel estoras,
> Garissiés mon cors, sire ! » (XXIII, v. 612-630)

Bien qu'il ait la permission de se battre seulement avec « chair et os », Guillaume réussit à triompher de tous les brigands : il arrache la jambe d'un cheval et il les en frappe : quel geste ! À l'aide de cette arme, il parvient à tuer plusieurs brigands. Après la bagarre, il rattache miraculeusement la jambe au cheval – geste encore plus dramatique que l'autre ! Le cheval est de nouveau sain et sauf. Le futur saint Guillaume est déjà à l'œuvre.

L'art de montrer et l'imitation des personnages dominent partout dans cette chanson de geste. Il y a un peu de suspens – comment Guillaume sortira-t-il vivant de la forêt ? Mais c'est comme si le poète/narrateur permettait au personnage de Guillaume de s'occuper lui-même du suspens, de le prendre en charge. C'est Guillaume qui fait faire la ceinture, c'est lui qui arrange la rencontre avec les brigands, lui qui les encourage à essayer de voler la ceinture, lui qui les punit en les tuant, lui qui se venge des moines, lui qui arrange son départ avec leur permission, voire leur bénédiction, et ainsi de suite. Le rôle du narrateur est essentiellement de présenter les scènes mémorables et dramatiques et de leur un donner un cadre narratif bien modeste. Tout est dominé par la personnalité et la volonté de Guillaume.

Conclusions

Ces deux chansons de geste invitent toutes deux à la performance. On peut certainement affirmer que la figure de Guillaume invitait les performeurs à jouer avec son personnage – sa grande taille, son nez bizarre, sa voix si forte, sa nature violente, ses rages, son amour pour Orable – tout était mémorable ! Mais les deux chansons le présentent, en tant que personnage performable, de manières divergentes. Dans *La Prise d'Orange*, nous sommes face à Guillaume guerrier (un parmi d'autres) et amant, mais nous découvrons la magnifique Orable. Dans *Le Moniage*, Guillaume est un guerrier catastrophique en moine, un personnage violent et vraiment unique en comparaison de qui pâlissent tous les autres personnages ; il fait déjà des miracles (le cheval guéri !). Enfin, les deux chansons conçoivent autrement les tensions entre l'art du récit – le « *storytelling* » – d'une part, et l'imitation dramatique et l'incarnation de personnages de l'autre : entre raconter et montrer. *Le Moniage Guillaume* pousse l'art de montrer plus encore que *La Prise d'Orange*. Les deux épopées traitent de manière très divergente le jeu dramatique entre Guillaume et les autres personnages – les autres chevaliers, les Sarrasins, les moines, les brigands, et la belle et puissante Orable qui tend à lui voler la vedette.

Dans ces deux chansons, de manières assez diverses, les jongleurs de talent sont invités à offrir au public toute leur virtuosité de performeurs.

Chapitre 2

La théâtralité et ses limites : le dialogue et l'art du conteur dans les romans de Chrétien de Troyes[*]

Ces pages abordent une double question, qui peut paraître paradoxale. Tout d'abord, je me propose de montrer que l'utilisation des dialogues par Chrétien de Troyes dans ses romans est puissamment dramatique. Chrétien ne se contente pas d'innover dans le dialogue, en termes littéraires ou linguistiques[1]. Ce qu'il met en place est en fait profondément

---

[*] Ce chapitre a paru en anglais sous le titre « Theatricality and its Limits: Dialogue and the Art of the Storyteller in the Romances of Chrétien de Troyes, » dans *Le Dialogue au Moyen Âge*, éd. Corinne Denoyelle, Orléans, Paradigme, 2013, p. 27-44.

1. Ma réflexion s'appuie ici, en bien des points, sur les travaux des spécialistes de Chrétien (et des premiers romans), mais il s'interroge dans une perspective sensiblement différente. Jean Frappier par exemple a souligné les façons dont Chrétien dépeint les personnages et les sentiments. Il a mis l'accent sur la psychologie littéraire. À mes yeux, Chrétien ne crée pas seulement des personnages forts et intéressants dans le sens littéraire du terme – des personnages aux yeux des lecteurs – mais bien des *personnages* au sens dramatique. Jean Rychner a souligné la peinture subtile des sentiments au travers du récit – mais ma conviction est que ce ne sont pas des sentiments subtils que nous voyons traités dans les romans, mais des passions dévorantes que nous pouvons voir et entendre, exprimées en termes dramatiques. Le linguiste Bernard Cerquiglini a étudié les façons dont le dialogue est marqué et apparaît dans les vers en ancien français ; mais pas son fonctionnement dramatique. Corinne Denoyelle s'est attachée, entre autres, aux questions de contextualisation et de situation de communication dialogiques dans le récit médiéval, mais pas à ses possibilités dramatiques (elle ne discute pas les textes théâtraux). Denoyelle aborde la question de la lecture à haute voix du dialogue (spécialement 12-3), mais ne semble pas concevoir cette oralisation (qui est une nécessité compte tenu du faible nombre de personnes sachant lire) comme une dramatisation. Ma conviction est que Chrétien vise principalement, plutôt qu'à contextualiser le dialogue, à le dramatiser. En développant cette réflexion, je poursuis et prolonge mon travail des dernières années, comme on le

théâtral, et fait apparaître un engagement, une invitation à la performance actualisée[2]. Mais je souhaite également montrer qu'il y a des limites importantes à la théâtralité du dialogue dans ses romans. Ces limites mettent en valeur très efficacement et avec éloquence l'art du conteur comme « diseur », tel que le représente Chrétien et tel qu'il l'a probablement incarné. Les limites à la pleine théâtralité du dialogue attirent l'attention sur ce que peut accomplir un conteur virtuose (un artiste seul), mais aussi sur ce qu'il ne peut pas faire. Ce n'est que jusqu'à un certain point qu'un homme-orchestre peut jouer tous les personnages et toutes les situations ; il ne peut pas être, pour ainsi dire, un orchestre entier : je développerai cela plus loin dans mes réflexions finales.

La théâtralité du dialogue dans les romans de Chrétien

Il y a une quantité conséquente de dialogue dans les romans de Chrétien : une représentation directe de la parole de personnages qui parlent entre eux. Cette prééminence du dialogue est bien sûr caractéristique de bien des premiers romans en vers et de récits comparables, et elle a été largement dégagée par les chercheurs. Dans de nombreux romans, il y a de longs passages consacrés pour l'essentiel à des personnages parlant l'un à l'autre, scandés par un occasionnel « il dit » ou « elle dit ». Le résumé narratif est souvent utilisé avec parcimonie – le dialogue est bien sûr intégré dans un cadre narratif, et les personnages sont présentés par le narrateur avant de prendre la parole.

Mais l'emploi du dialogue chez Chrétien est inhabituel, par des traits qui le rendent particulièrement théâtral. Bien des chercheurs ont discuté des aspects de l'originalité de Chrétien, qui se manifeste sur beaucoup de

---

verra plus bas. Mon expérience dans la direction et la production de clips pour un site consacré à la performance médiévale (Vitz, « Perforrning Medieval Narrative Today: A Video Showcase » : mednar.org) a également nourri ma réflexion sur les modes de performance des romans de Chrétien de Troyes.
2. On a mis en avant que la scène d'*Yvain* où une jeune fille lit à haute voix à ses parents serait une mise en abyme des pratiques traditionnelles de performance du roman à cette époque. Je considère plutôt que cette scène de lecture présente des traits particuliers, et qu'elle correspond principalement à ce que j'appellerais un mode de lecture érotogénique (cf. le chapitre sur cette question dans ce volume). Je ne nierai pas toutefois, cela va sans dire, que les romans de Chrétien étaient parfois lus à haute voix.

plans, mais la dimension dramatique de son emploi du dialogue a largement échappé à leur attention. Les romans de Chrétien, et les dialogues qu'ils contiennent, invitent fortement à une performance dramatique. Avant d'aller plus loin, nous devrions sans doute nous rappeler que de nombreux indices – dégagés par E. Faral, C. Page et d'autres – prouvent que ces romans en vers étaient performés par les ménestrels et d'autres amuseurs.

Commençons par un exemple qui peut paraître trivial, mais qui a de vastes implications : l'accent, et en particulier l'utilisation de l'accent régional dans la scène d'ouverture du *Perceval*. Élevé par sa mère veuve dans les forêts du pays de Galles, Perceval est manifestement gallois dans sa façon de parler, comme le mentionnent les chevaliers avec qui il a une longue et divertissante conversation, sur laquelle nous reviendrons. Il s'exprime probablement avec un accent gallois bien rural, ce qui implique que, si le roman doit être lu à haute voix, un lecteur accompli cherchera à imiter cet accent et ces façons de parler. Mais Perceval n'est pas que Gallois, c'est un garçon fruste et sans manières, quelqu'un qui est à la fois obstiné et fou : *fol* (v. 238[3] ; des mots comme *sot* et *nice* le qualifient régulièrement). Il a une voix et une personnalité fortes et excentriques, il est un personnage à part entière, au sens plein du terme. Rendre justice à sa voix – même en lisant simplement à haute voix – demanderait une réelle expertise de performeur.

Comme nous pouvons le voir dans le cas de Perceval, l'accent dans une voix ne porte pas simplement sur les régions, mais a de plus larges implications. De même que la voix de Perceval n'est pas simplement celle d'un gallois mais celle d'un fou mal dégrossi et obsessionnel, de même d'autres personnages ont également des identités et des voix complexes. D'ailleurs sa voix à lui se caractérise par un contraste saisissant avec les accents et l'expression des chevaliers de la Table Ronde qui tentent de l'interroger.

Il est essentiel d'identifier ce phénomène des voix contrastées dans les dialogues de Chrétien. Il en fait sa spécialité ; il faudrait prendre la mesure du large éventail des types de voix convoquées pour nous par Chrétien

---

3. On s'appuie sur l'édition des *Romans* de Chrétien de Troyes sous la direction de Michel Zink, « La Pochothèque », Le Livre de Poche, 1994.

dans le dialogue. Si nous considérons cet éventail en termes d'état civil, quelle ampleur ! Nous n'entendons pas seulement des mâles adultes de la classe guerrière, comme c'est généralement le cas dans l'épopée ; ou simplement des nobles hommes ou femmes, nombre d'entre eux étant amoureux, comme c'est souvent le cas dans les romans. Nous allons des voix des rois, des reines et de toute sorte de nobles à celles des bourgeois des villes, du maçon de *Cligès* (v. 5436 sq.) et du charbonnier de *Perceval* (v. 800-804, 806-826), et d'un ensemble de paysans. Le performeur était manifestement invité à créer des différences entre ces divers types de voix.

Chrétien nous propose aussi, dans le dialogue, des voix de personnages de tout âge, et comme on l'a vu pour Perceval, l'âge peut avoir une incidence sur leur voix. Nous rencontrons des vieillards fatigués et parfois découragés, comme le père d'Énide quand Érec le rencontre pour la première fois (509 sq.) ; et la voix de *prodom* noble et assuré – même s'il est parfois exaspéré – de Gornement de Gohort qui entreprend d'enseigner la chevalerie à Perceval. Nous rencontrons assurément les voix de bien des jeunes amants, certains d'entre eux gentiment insensés ; et au moins quelques-uns d'entre eux – comme Lancelot et Guenièvre – potentiellement perturbants.

Les voix de Guenièvre – elle en a assurément plus d'une, même dans le seul *Lancelot* ! – peuvent servir à nous mener vers les questions morales que les voix expriment : bonté, rudesse, bien et mal, etc. Chrétien nous propose des personnes nobles, vertueuses et élégantes, avec des voix adaptées, et des méchants affreux, comme Méléagant, le fils mauvais et odieux qui a enlevé Guenièvre dans le *Lancelot*, et est si brutal envers chacun, et la demoiselle mauvaise dans le *Perceval* (7092 sq.). Keu n'est pas mauvais mais il est merveilleusement (et régulièrement) grincheux et déplaisant dans sa voix et dans sa façon de s'adresser à autrui. Par exemple, après qu'Yvain a annoncé son départ pour venger la honte de son cousin Calogrenant, Keu s'écrie dans une raillerie insultante :

> « Bien pert qu'il est après mengier, »
> Fist Keus, qui taire ne se pot.
> « Plus a paroles en plain pot
> De vin qu'en .i. muy de chervoise
> On dit que chat saous s'envoise
> Après mengier, sans remüer,
> Veut chascuns Saladins tüer,

> Et vous irés vengier Fourré !
> Sont vostre penel enbouré
> Et vos chausses de fer froyés
> Et vos banieres desployés ?
> Or tost, pour Dieu, mesire Yvains,
> Mouvrés vous anuit ou demains ? » (v. 588-600)

Ce discours insultant, manifestement prononcé d'une voix âpre et déplaisante, ne s'achève pas là, il continue assez longuement ! Ainsi, dans ses romans, Chrétien nous donne divers types de *voix performées*, pas seulement une variété de « personnages littéraires ».

D'ailleurs – et c'est encore plus important que l'éventail des types de personnages et de voix – Chrétien dramatise la *façon* dont les personnages parlent dans leurs dialogues. Par exemple, Énide parle toujours doucement et avec crainte à Érec, essayant d'éviter la colère de son mari bien aimé à son égard. Il lui a dit de ne pas lui parler, mais de façon répétée elle s'exprime timidement, chuchotant dans l'urgence pour attirer son attention sur un danger qui menace. Cela arrive la première fois lorsqu'elle voit les cinq brigands chevaucher rapidement à leur suite. Elle se tourmente pour savoir si elle doit ou non briser le silence qui lui est imposé, et se force à parler finalement, mais elle le fait très doucement :

> Quant Enide les a veüz,
> Toz li sans li est esmeüz
> Grant paor ot et grant esmai :
> « Lasse ! fait ele, je ne sai
> Que je dis ne que je face,
> Que mes sire mout me menace
> Et dit qu'il me fera ennui,
> Se je de rien parol a lui.
> Mais se mes sire estoit or morz,
> De moi seroit nuns reconforz :
> Morte seroie el malbaillie.
> Dex ! mes sire ne les voit mie
> Qu'aten je donc, mauvais fole ?
> Trop ai or chiere ma parole,
> Quant je ne li ai dit pieç'a.
> Bien sai que cil qui vienent ça,
> Sont de mal faire encoragié.
> Et Dex, comment li dirai gié ?

> Il m'ocira. Assez m'ocie !
> Ne lairai que je ne li die. »
> Lors l'apele doucement : « Sire. » (v. 2959-2979)

Un autre chuchoteur important, c'est l'oncle ermite dans le *Perceval*, qui à un certain moment – après avoir parlé à Perceval avec sagesse et piété – glisse les noms de Dieu à l'oreille du jeune homme (v. 6405 *sq.*) Nous n'entendons pas ces noms secrets, murmurés. La qualité des voix d'Énide et de l'ermite forment un contraste saisissant avec les nombreux personnages dont les dialogues ont un caractère dramatique très différent. Certains parlent avec noblesse et fermeté, comme Gornemant et Gauvain en général ; une exception marquante à la règle est quand, dans le *Perceval*, Gauvain découvre qu'il ne sera pas autorisé à quitter le château de la vieille reine (v. 7973 *sq.*) : pour une fois, il est bougon et coléreux. À la jeune demoiselle qui l'invite au dîner (elle peut voir qu'« il est irez d'aucune chose » (v. 7965), il répond :

> « Bele, je n'ai de mangier cure,
> Li miens cuers ait male aventure
> Qant mangerai ne n'avrai joie
> Tant que je tes novels oie
> Dont je me puisse resjoïr,
> Que grant mestier ai de l'oïr. » (v. 7973-7978)

Quelques personnages crient ou hurlent, par exemple la jeune fille qui dans *Perceval*, interrompue par un vavasseur importun alors qu'elle échangeait des baisers, et ensuite assaillie par les habitants de la ville, retrousse sa robe et crie des insultes vulgaires au commun depuis sa tour (v. 5882) alors qu'elle leur lance d'énormes pièces d'échec en ivoire (v. 5825, 5882 *sq.*). Ici, elle commence ses invectives :

> « Hu, hu ! Fait ele, vilenaille,
> Chien enraigié, pute servaille !
> Quel deable vos ont mandez ?
> Que querez vos ? que demandez ?
> Que ja Deux joie ne vos doint ! » (v. 5881-5885)

Cette scène continue sur une cinquantaine de vers : voici une demoiselle très en colère, et très bruyante ! Bien des autres personnages crient ou se moquent alors qu'ils prononcent leurs répliques, alors que d'autres profèrent de sonores dénonciations ou malédictions publiques, comme dans *Yvain* (v. 2725 *sq.*) où Yvain est invectivé pour avoir trahi son épouse, et *Perceval* (v. 4578 *sq.*) où Perceval est dénoncé pour avoir manqué à poser les bonnes questions. Pour faire bref, Chrétien précise souvent de façon très théâtrale la manière dont parlent les personnages, la manière dont ils s'acquittent de leurs vers de dialogue.

Mais comme la scène avec la jeune fille jetant les pièces de l'échiquier nous le rappelle, nous devons également aller au-delà des voix ; au-delà des accents et de la grande diversité des personnages et des situations qu'ils incarnent. Derrière ces voix se trouvent des *corps*. Comme au théâtre, ces personnages doivent être pleinement incarnés, rendus physiques par le conteur-performeur ; les personnages de Chrétien ne parlent pas simplement les uns aux autres. Ils accomplissent des gestes et agissent, et ce trait des dialogues romanesques nous rapproche plus puissamment encore du monde du théâtre, de l'action physique. Chrétien précise souvent ce que *fait* un personnage *pendant* qu'il parle. Le fou dans *Perceval* saute et gambade avec joie – « S'a tel joie qu'il tripe et saut » (v. 1205) – alors qu'il livre sa prophétie sur la prochaine humiliation de Keu (v. 1206-1264). La pucelle aux petites manches enjôle Gauvain en étreignant sa jambe, en même temps qu'elle commence à se plaindre de sa sœur aînée qui l'a giflée et humiliée. Les indications de geste et d'émotion sont en gras dans ce qui suit :

> Au partir vit de l'autre part
> Sa petite fille venant,
> **Qui par la jambe** maintenant
> Mon seignor Gauvain **enbraça**
> Et dit : « Biax sire, entandez ça,
> **C'a vos clamer** me sui venue
> De ma seror qui m'a batue.
> Si m'en faites droit, se vos plest. »
> Et mes sire Gauvains **se teist**,
> Qu'il ne savoit que ele dist,
> Mes sa main sor le chief li mist,
> Et la damoisele **le tire**
> Et dit : « A vos di je, biax sire,
> Qu'a vos de ma seror me claim,
> **Que je n'ai chiere ne ne l'ain**,
> **Qui por vos** m'a hui fait grant honte » (v. 5260-5275)

Ainsi, dans cette scène divertissante, nous n'avons pas que des mots, mais aussi des gestes et des émotions intenses ; la jeune fille est furieuse à l'égard de sa grande sœur, et elle veut que Gauvain la venge. Gauvain – elle a pris sa jambe – s'efforce de la calmer en posant sa main sur sa tête. Dans une scène au sens strict de *captatio benevolentiae* puérile elle l'attire par la main en même temps qu'elle commence à se plaindre.

Attardons-nous sur l'importance du geste et du corps, mêlés aux dialogues dans les romans de Chrétien, en revenant sur la scène où Perceval est face aux chevaliers de la Table Ronde. C'est une scène très développée, sur près de 250 vers (v. 96-334), au tout début du roman ; elle donne le ton au roman en termes de performance. Elle consiste en une superposition d'un long monologue et d'un dialogue, changeant souvent de ton, accompagnée de nombreux gestes. Au commencement, Perceval est seul, lançant en l'air son javelot de-ci de-là (v. 93-94). Il entend un grand bruit. À haute voix pour lui seul, il décide qu'il doit s'agir de diables (tant les armures des chevaliers font de bruit v. 111 *sq*.), mais il choisit de ne pas se signer, malgré le conseil de sa mère. Ensuite, à la vue des hommes qui s'approchent, il s'exclame qu'il doit s'agir d'anges tant ils sont brillants (v. 131 *sq*.). Perceval se met alors à genoux, convaincu que l'un des hommes doit être Dieu (il est particulièrement beau, v. 140 *sq*.). La tête du convoi ordonne à ses hommes de s'arrêter, le jeune homme est manifestement terrifié, et le chevalier rassure le jeune homme (v. 155-165). Mais Perceval réplique qu'il n'est pas effrayé du tout, et demande si son interlocuteur est Dieu (v. 166-168). À partir de ce moment, le dialogue est un réjouissant conflit entre les chevaliers cherchant à obtenir des informations du jeune homme, et Perceval, avec son inébranlable obstination à découvrir leurs armes et leurs armures, et à toucher tout ce qu'ils portent et transportent. Voici un dialogue de sourd très divertissant, et ce long dialogue est plein de gestes. Ainsi, Perceval s'empare de la lance du premier chevalier (v. 181-182). Ensuite, il attrape le chevalier par le haubert et le tire à lui, lui posant toujours davantage de questions (v. 252-253).

Ainsi, dans de nombreux dialogues de Chrétien, nous avons les mots et leur mise en voix théâtrale et, également, les gestes qui les accompagnent. Davantage, tout ceci est fortement structuré et animé de puissantes passions, qui renforcent encore la dimension dramatique. Nous avons vu l'intense fascination de Perceval, son étonnement et sa curiosité devant les chevaliers, bloquant frontalement leur mission qui était de savoir où les gens qu'ils suivaient étaient partis ; nous avons vu ensuite leur impatience à l'égard de Perceval, et la naissance de leur moquerie envers ce gamin écervelé.

Les gestes et les émotions forts sont essentiels dans bien d'autres scènes également, pour accompagner et donner vie aux mots du dialogue. Par exemple, peu après la scène avec les chevaliers dans le *Perceval* survient celle où notre héros embrasse à deux reprises la demoiselle sous la tente, contre son gré, lui vole son anneau et vole sa nourriture (v. 602 *sq.*). Perceval est comme souvent – et surtout au début du roman – rustre et égoïste : il est déterminé à obtenir ce qu'il veut, des baisers, le bel anneau, nourriture et boisson : sa mère lui avait dit qu'il pouvait prendre ce genre de choses. La pauvre jeune fille est terrifiée et désemparée, à juste titre, puisque lorsque son amant reviendra, il sera furieux, la blâmera et la maltraitera pour ce qu'il prendra pour une infidélité. La scène commence lorsque Perceval arrive à la tente de la jeune fille et entre sans frapper (pour ainsi dire). Je vais citer *in extenso* cette longue scène dramatique, mettant en caractères gras les indices essentiels d'émotions et de gestes dans le dialogue :

> Si **tressailli** et **esperi**.
> Et li vallez qui nices fu
> Dit : « Pucele, **je vos salu**,
> Si com ma mere lo m'aprist.
> Ma mere m'enseigna et dist
> Que les puceles saluasse
> En quel que leu que les trovasse. »
> La pucele **de paor tranble**
> Por lo vallet qui fol li sanble,
> Si **se tient por foie provee**
> De ce qu'il l'a soele trovee.
> « Vallet, fait ele, tien ta voie.
> Fui, que mes amis ne te voie !
> — Ainz **vos baiserai**, par mon chief,
> Fait li vallez, cui que soit **grief**,
> Que ma mere lo m'ensaigna,
> — Je voir **ne vos baiserai ja**,
> Fait la pucele, que je puise.
> **Fui,** que mes amis ne te truise,
> Que s'il te troeve, tu ies morz. »

> Li vallez avoit les **bras fors**,
> Si l'enbraça mot nicemant,
> Qu'il ne le sot faire autremant,
> Mist la soz lui tote estandue
> Et cele s'et bien desfandue
> Et gandilla quant qu'ele pot,
> Mais desfance mestier n'i ot,
> Que li vallez lot de randon
> **La baissa**, vosist ele o non,
> **Vint foiz**, si con li contes dit,
> Tant c'**un anel en son doi vit**
> A une esmeraude molt clere.
> « Ansin, fait il, me dit ma mere
> Qu'an vostre doi l'anel preïsse,
> Mais que rien plus ne vos feïsse.
> **Or ça l'anel, jo voil avoir!**
> — Mon anel n'avras tu ja voir. »
> Li vallez par lo poig la prant,
> A force lo doi li estant,
> Si a l'anel en son doi pris
> **Et ou sien doi meïsmes mis** [...]
> Et **cele plore** et dit : « Vallet,
> N'en portez pas mon agnelet,
> Que j'en seroie mal baillie
> Et tu en perdroies la vie,
> Que qu'il tardast, jo te promet. »
> Li vallez a son cuer ne met
> Rien nule de ce que il ot,
> Mais de ce que geüné ot
> **Moroit de fain** a male fin. (v. 644-684, 691-699)

À présent affamé et assoiffé, Perceval boit le vin et mange le pâté de la demoiselle (v. 700-716), qui ne cesse de pleurer et de tordre ses mains : « mout durement ses poinz detort » (v. 722) quand son ami revient de la forêt, elle est toujours en pleurs.

Dans ce passage, et dans beaucoup d'autres semblables, nous avons une scène de dialogue puissamment dramatique, avec des voix spécifiques, des mots forts, des passions manifestes (sa détermination à lui, et, quant à elle, sa peur et son désir de se refuser), et de nombreux mouvements corporels. Perceval force la jeune fille à reculer, tremblante et en colère, il lui plaque une vingtaine de baisers sur la joue, lui enlève son anneau et le glisse à son propre doigt, il boit son vin et dévore sa nourriture. C'est une scène spectaculaire ! Dans les romans de Chrétien, il y en a beaucoup d'autres, pareillement pleines de voix et de gestes pleins d'émotion ; il nous donne diverses sortes de situations dramatiques, et un large éventail de passions (cf. Vitz 2008, p. 161-168).

Tournons-nous à présent vers un troisième aspect du caractère dramatique des dialogues dans les romans de Chrétien. Dans chaque roman il semble bien que Chrétien invente des choses originales pour ses personnages, et avec le dialogue. Dans chaque roman, il y a une nouvelle situation. Dans *Yvain* – je vais m'attarder sur ce roman – Chrétien fait intervenir le « non-humain » dans son histoire ; en fait, il semble particulièrement intéressé par la mise en scène des voix, des corps et des passions de personnages, non humains ou à peine, tels que les géants, les démons et les animaux. Chrétien explore ici les limites des personnages humains et la façon dont ils s'expriment. On notera que le premier personnage de ce type que nous rencontrons est Yvain lui-même, après qu'il a perdu la raison de douleur et de honte ; il ne parle pas, il se comporte « comme hom forsenés et sauvage » (v. 2828). Dans cette catégorie de personnages et de voix, nous avons le berger géant, le type énorme qui dresse ses taureaux en fracassant leurs têtes (v. 286 *sq.*) ; le cruel géant Harpin de la Montagne (v. 4084 *sq.*) et les deux démons, les nuitons (v. 5508 *sq.*), et nous avons ce lion fantastique (v. 3343 *sq.*) !

Toutes ces figures s'expriment avec leurs voix et leurs corps, et elles le font de façon très variée et parfois surprenante, en dialogue avec les autres personnages. À Calogrenant qui lui demande terrifié quelle sorte d'être il est, le berger géant, par exemple, répondra malgré sa taille « je sui uns hom » (v. 328). Le « monstre » se révèle un être raisonnable, et aide Calogrenant. En contraste avec ce bouvier civil, l'odieux géant Harpin a manifestement une voix bruyante, cruelle et railleuse. Il menace Yvain :

> Et dist : « Chil qui t'envoia cha
> Ne t'amoit mie, per mes iex !
> Chertes, il ne se pooit mix
> De toi vengier en nule guise.
> Mout a bien sa venjanche prinze
> De quanques tu li as fourfait. » (v. 4178-4183)

Mais Yvain (ou plutôt Chrétien) ne laisse pas Harpin parler longtemps : il est très pressé, et coupe la parole du géant, « ta parole oiseuse me laisse ! » (v. 4187). Yvain doit arriver à temps pour sauver Lunette du bûcher, et il n'abrège pas seulement les paroles du géant, mais le combat rapidement lui-même. La scène est jouée en accéléré.

Ce que Chrétien fait avec les voix des fils du diable est également intéressant et surprenant : ils sont diminués, rétrécis, d'abord dans leurs propos, ensuite dans le combat. Ils sont censés être hideux et terrifiants de façon surnaturelle, avec des voix à l'avenant. Selon la description, ils sont assurément effrayants : hideux, noirs et lourdement armés : en principe donc, des types impressionnants (v. 5508 *sq.*). Mais dès qu'ils ouvrent la bouche, Chrétien les fait pleurnicher parce que la bataille est injuste (ils devraient être à deux contre lui seul !) et réclamer qu'Yvain écarte son lion pour qu'il ne les attaque pas (v. 5533 *sq.*) Ici encore, Chrétien joue avec les paroles et les voix de ses personnages pas vraiment humains.

Et le lion ? Un lecteur sceptique pourrait se demander s'il est à sa place dans ces pages, s'il « dialogue » effectivement. La réponse est oui : le lion s'exprime par la voix et le geste, il manifeste clairement ses sentiments et ses réactions aux discours des autres. Par exemple, dans le passage où le lion croit qu'Yvain est mort de douleur, et se prépare en conséquence à se suicider, « il se detort et grate et crie » (v. 3507) : l'importance attachée au son de sa voix est manifeste, par le fait même que c'est en l'entendant rugir qu'Yvain l'a d'abord rencontré – rugissement de douleur physique alors, opposé à cette peine affective – quand il était attaqué par le serpent (v. 3344 *sq.*)

Les limites à la théâtralité du dialogue, et l'oralité de l'art du conteur

Nous avons examiné quelques aspects de l'emploi fortement dramatique du dialogue chez Chrétien. Mais il est important de souligner que cette théâtralité a ses limites, essentielles et fondatrices : des limites qui découlent naturellement de la nature du récit. Dans la performance en solo d'une histoire, le conteur ? ménestrel ? jongleur ? est un homme-orchestre. Nous devons garder en mémoire que tous les personnages que nous avons vus et entendus se présenter devant nous, de façon si variée et convaincante, ont tous été incarnés non pas par une diversité d'acteurs ayant plus ou moins le profil du rôle comme au théâtre, mais par un simple performeur, le conteur, cet homme-orchestre.

Cela signifie, entre autres choses, que le conteur ne peut aller trop loin dans l'incarnation de ses personnages, précisément parce qu'il (et parfois *elle,* évidemment) est chacun d'eux, tour à tour, et passant rapidement de l'un à l'autre. Les conteurs ne peuvent utiliser pleinement le costume ou le déguisement, et ils doivent utiliser les accessoires avec parcimonie, précisément parce qu'ils ont à entrer et sortir du personnage : ils doivent les jouer tous, et doivent également jouer/être eux-mêmes : leur rôle principal est celui du narrateur. Chaque costume qu'ils enfilent, ils doivent s'en départir, chaque accessoire qu'ils saisissent, ils doivent le reposer. Si un personnage s'enfuit, le conteur ne peut l'imiter et partir à toutes jambes, parce qu'il/elle doit rester sur place pour continuer l'histoire. L'incarnation des personnages doit donc dépendre pour l'essentiel de l'usage de la voix, du visage, du cou, des épaules, des bras et des mains ; le haut du corps, la posture évidemment. Les conteurs suggèrent, ils miment ; ils ne peuvent pas agir pleinement comme des personnages.

Nous voyons tout cela à l'œuvre dans les romans de Chrétien, particulièrement dans le domaine du dialogue. Le performeur – Chrétien lui-même au départ ? – n'est pas qu'Yvain. Il joue également le lion, les géants, les démons et tous les autres personnages. Tout cela est en rapport avec la nature des limites à l'intérieur desquelles le conteur doit agir : il est à la fois *acteur(s)* et *conteur.*

Il y a en fait une autre dimension à cela – à l'art du conteur. Regardons une des nombreuses scènes où nous sommes particulièrement conscients de la présence du conteur. Ne l'appelons pas « la propre voix de Chrétien », ou « la voix auctoriale », puisqu'il s'agit d'une construction (cf. par exemple Krueger, 115-121). Les auteurs peuvent bien créer des personnages pour eux-mêmes, qu'ils sont libres de modifier à leur gré. Davantage, chaque conteur qui a raconté un des romans de Chrétien a pris le rôle du conteur – en un sens, est devenu Chrétien. Mais il ne fait pas de doute que la voix du conteur dans ces romans est forte et affirmée – même si elle est insaisissable et ambiguë ! Il invite souvent son auditoire à dialoguer avec lui. Dans ses propos et ses commentaires de nombreuses scènes, Chrétien s'adresse à ses auditeurs, et les invite par exemple à l'approuver ou non ; il est partie intégrante du dialogue dans son œuvre.

Abordons une scène où c'est manifestement le cas. Chrétien (disons, plus prudemment « le Chrétien-conteur ») s'arrête assez avant dans *Yvain* pour discuter le fait paradoxal qu'Yvain et Gauvain s'apprêtent à se combattre. Ces hommes qui s'aiment mutuellement sont prêts à se tuer l'un l'autre ! Comment cela est-il possible ! Comment la haine et l'amour peuvent-ils coexister ? Dans ce raisonnement construit de façon théâtrale, le narrateur parle, et interroge l'auditoire (en caractères gras) :

> Mais ne s'entreconnoissent mie
> Cil qui combatre se voloient,
> Que molt entr'amer se soloient.
> Et or donc ne s'entr'aiment il ?
> **« Oïl », vous respont, et « nenil »,**
> **Et l'un et l'autre prouverai**
> **Si que raison i trouverai.**
> Pour voir, mesire Gavains aime
> Yvain et compeignon le claime,
> Et Yvains lui, ou quë il soit.
> Nes ici, së le savait,
> Ferait il ja de luy grant feste
> Et si metrait pour lui sa teste
> Et cil la siue ausi pour lui
> Anchois qu'en li feïst anuy.
> **N'est cë amors entiere et fine ?**
> Oïl certes. Et la haïne,
> **Dont ne rest ele toute aperte ?**
> **Oïl, car ço est cose certe**
> Que li uns a l'autre sans doute
> Voldroit avoir la gorge route,
> Ou tant avoir fait li voldroit
> De honte que pis en vaudrait.
> Par foy, **c'est merveille prouvee**
> Qu'en a en un vaissel trouvee
> Amor et Haïne mortel.
> **Dex ! Meïsmes en un ostel**
> **Comment puet ester li repaires**
> **A choses qui si sont contraires ?**
> En un ostel, **si com moi samble,**
> Ne püent eles estre emsamble,
> Que ne porroit pas remanoir

> L'une aveuc l'autre en un manoir
> Que noise et tenchon n'i eüst
> Se l'une l'autrë i seüst.
> Mais en un cors a plusors menbres,
> Quë il i a loges et chambres.
> **Ainsi puet bien estre la cose :**
> Espoirs Amors s'estoit enclose
> En aucune chambre celée
> Et Haïne s'en iert alee
> Es loges par devers la voie
> Pour che qu'ele veut qu'on la voie. (5994-6036)

Ici, Chrétien noue le dialogue avec nous, il discute avec nous : oui et non ! l'Amour et la Haine peuvent coexister, et voici comment ; il nous montre qu'il a raison.

En conclusion

Chrétien de Troyes utilise le dialogue avec maîtrise et de façon puissamment théâtrale, jusqu'à un certain point. Mais il fait souvent apparaître qu'il est un ventriloque ; il est la voix, mais aussi le corps qui incarne tous ces personnages. Il est l'animateur spectaculaire de son histoire ; il est l'interprète majeur, le maître du dialogue.

Chrétien était par bien des côtés difficile à imiter, bien que de nombreux autres poètes narratifs s'y soient essayés. Mais regardons un peu plus loin sur la voie qu'il a ouverte. Le type de récit hautement dramatique que représentent si exemplairement les romans de Chrétien évolue dans trois directions dans les décennies suivantes. Tout d'abord, son style de performeur virtuose se poursuit, et des conteurs ajoutent de nouveaux tours pour mettre leur art en valeur. Un exemple étrange et passionnant est *Wistasse le moine*, où le personnage principal, Wistasse (le type de figure criminelle dérangeante que nous aimons détester) est constamment déguisé, et change rapidement d'apparence. C'est une sorte de transformiste ; mais ici, on se rappelle que le conteur est plus encore que Wistasse le maître des changements à vue[4].

---

4. Voir Vitz, « La Performabilité de la voix et du déguisement dans le récit et au théâtre : *Wistasse le moine* » *Pris-Ma* (University of Poitiers), XXII n° 43-44 ; janvier-décembre 2006 (parution retardée 2009), p. 3-17.

Le type de dialogue dramatique que nous avons vu dans les romans de Chrétien évolue également dans une seconde direction, plus pleinement théâtrale : les dialogues qui étaient précédemment tous performés par le conteur sont ôtés à sa voix, et assignés à des acteurs distincts. La dimension spectaculaire des personnages peut ainsi se développer librement, avec des costumes, des accessoires, et une action pleinement incarnée. Nous y perdons évidemment la virtuosité du conteur unique.

Et une troisième direction dans laquelle le dialogue se développe vise à diminuer sa dimension spectaculaire : on trouve ainsi moins de changements rapides d'un personnage à l'autre, moins de voix spécifiques. Il y a peut-être moins de vrai dialogue – moins de style direct – et plus de paroles rapportées. Les dialogues peuvent ainsi comporter moins de gestes forts, et davantage de ce que j'appellerais des « gestes miniatures » : petits mouvements concernant simplement le visage et le haut du corps. Cette évolution facilitait la lecture à haute voix, particulièrement chez les lecteurs amateurs.

Chrétien était en vérité un maître difficile à suivre.

Bibliographie

Chrétien de Troyes. *Chrétien de Troyes : Romans.* éd. Jean-Marie Fritz. Paris : Livre de Poche/La Pochothèque, 1994. [*Érec et Énide*, éd./trad. Jean-Marie Fritz ; *Cligès*, éd. trad. Charles Méla et Olivier Collet ; *Le Chevalier de la Charrette ou Le roman de Lancelot*, éd./trad. Charles Méla ; *Le Chevalier au Lion* (Yvain), éd./trad. David Hult ; *Le Conte du Graal ou Le roman de Perceval*, éd./trad. Charles Méla.]

Cerquiglini, B., *La Parole Médiévale : Discours, Syntaxe, Textes*. Paris, Éditions de Minuit, 1982.

Denoyelle, C., *Poétique du dialogue médiéval*, Rennes : Presses universitaires de Rennes, 2010.

Faral, E., Les Jongleurs en France au Moyen Âge, Paris : Champion, 1910.

Frappier, J., *Étude sur Yvain ou le Chevalier au Lion de Chrétien de Troyes*. Paris : SEDES, 1969. 133-183.

Krueger, R., « The Author's Voice: Narrators, Audiences, and the Problem of Interpretation » *The Legacy of Chrétien de Troyes*, éd. Norris J. Lacy, Douglas Kelly and Keith Busby, Vol. 1. Amsterdam : Rodopi, 1987, p. 115-140.

Page, C., *Voices and Instruments of the Middle Ages: Instrumental Practice and Songs in France, 1100-1300*, Berkeley, University of California Press, 1986.

Rychner, J., *La Narration des sentiments, des pensées et des discours dans quelques œuvres des XIIe et XIIIe siècles*, Genève, Droz, 1990.

Vitz, E. B., *Orality and Performance in Early French Romance*, Cambridge, D. S. Brewer, 1999.

—, « La performabilité de la voix et du déguisement dans le récit et au théâtre : *Wistasse le Moine* » Pris-Ma (Université de Poitiers). XXII n° 43-44, (janvier-décembre 2006) [parution retardée 2009], p. 3-17.

—, « Tales with Guts: A 'Rasic' Esthetic in French Medieval *Storytelling* », *TDR [The Drama Review]*. 52 : 4 (Winter 2008), p. 145-173.

—, « Performing *Aucassin et Nicolette* ». *Cultural Performances in Medieval France: Essays in Honor of Nancy Freeman Regalado*, eds. Eglal Doss-Quinby, E. Jane Burns and Roberta Krueger. Cambridge, D. S. Brewer, 2007. 239-249.

—, « Erotic Reading in the Middle Ages: Perfomance and Re-performance of Romance », in *Performing Medieval Narrative*, eds. Vitz, Nancy Freeman Regalado and Marilyn Lawrence. Cambridge : D. S. Brewer, 2005. 73-88.

—, « La lecture érotique au Moyen Âge et la performance du roman », *Poétique* 137 (février 2004), p. 35-51.

Performing Medieval Narrative Today: A Video Showcase. en codirection avec Marilyn Lawrence, juillet 2012. Web. Consulté le 18 juin 2019 : https://mednar.org/.

Chapitre 3

La performance bigarrée d'*Aucassin et Nicolette**

Les œuvres littéraires qui nous sont conservées du Moyen Âge nous sont parvenues par des manuscrits : nous devons une grande reconnaissance envers ces manuscrits ainsi qu'à l'égard les chercheurs qui les éditent et les étudient. Mais il est aussi nécessaire d'avoir en tête, au-delà des manuscrits, que peu de personnes au cours du Moyen Âge lisaient effectivement les mots inscrits sur ces feuillets. C'est par la performance vivante, de quelque nature qu'elle soit, que la plupart des hommes et des femmes ont connu, découvert, et apprécié les œuvres « contenues » dans les manuscrits. Au cours du Moyen Âge, les œuvres étaient pour le plus souvent récitées de mémoire, chantées, jouées ou lues à haute voix : la lecture privée et isolée était rare, la lecture silencieuse pratiquement inexistante[1].

Mon travail récent se focalise principalement sur les questions relatives à la performance du récit. Nous savons tous que les pièces médiévales étaient conçues pour être données en spectacle, et les chansons étaient

---

*   Ce chapitre a paru en anglais sous le titre « Variegated Performance of *Aucassin et Nicolette* » dans *Cultural Performances in Medieval France: Essays in Honor of Nancy Freeman Regalado*, eds. Eglal Doss-Quinby, E. Jane Burns et Roberta Krueger, Cambridge, D. S. Brewer, 2007, p. 239-249. Je suis heureuse de dédier ces pages à Nancy, une collègue merveilleuse : son esprit de collaboration et de collégialité, sa chaleureuse amitié, ses conseils avisés ont eu une grande importance pour moi au cours de mes années à New York University.

1.   Pour ces questions, cf. entre autres Joyce Coleman, *Public Reading and the Reading Public in Late Medieval England and France* (Cambridge, Cambridge U. P., 1996) ; Paul Saenger, *Space Between Words: The Origins of Silent Reading* (Stanford, Stanford U. P., 1997) ; Evelyn Birge Vitz, *Orality and Performance in Early French Romance* (Cambridge, D. S. Brewer, 1999).

destinées au chant. Mais il est un peu plus difficile pour nous de nous jours d'imaginer que la plupart des récits médiévaux étaient également destinés à la performance (une des raisons est sans doute que le fait de raconter une histoire, dans la culture occidentale moderne, est confinée dans le monde de l'enfance). Les pages qui suivent font partie d'une tentative pour mesurer la « performabilité » d'un certain nombre de récits médiévaux français. L'argument qui sous-tend ce travail en général est que les œuvres contiennent souvent en elles-mêmes une bonne masse d'informations sur la façon dont elles étaient performées : elles nous indiquent si elles devaient être récitées, jouées par un ou plusieurs acteurs, ou chantées, ou lues à haute voix, ou lues en privé. Elles peuvent également nous dire bien des choses sur le ton, l'esprit et le style de performance qu'elles convoquaient.

Ces pages s'attachent à *Aucassin et Nicolette* ; bien des chercheurs ont souligné sa dette considérable à l'égard de la littérature de son temps – et on y trouve combinés en vérité l'épopée, le récit historique, le roman, la poésie lyrique et la vie de saint, tissés ensemble de façon délectable[2]. C'est une œuvre profondément *littéraire* en ce qu'elle met en scène devant un auditoire non pas une « réalité », mais plutôt un miroir reflétant divers types d'œuvres littéraires et oratoires. Je m'attacherai à ce que cette œuvre invite en termes de performance[3]. Je considère que l'information contenue

---

2. Pour les données factuelles relatives à cette œuvre, et une liste des nombreuses études de références qui lui sont consacrées, voir le *Dictionnaire des lettres françaises. Le Moyen Âge*, éd. Robert Bossuat, Louis Pichard, et Guy Raynaud de Lage ; édition révisée Geneviève Hasenohr et Michel Zink (Paris : Fayard, 1992), s.v. « Aucassin et Nicolette », p. 111-12. Dans son édition de l'œuvre, qui fait autorité, Mario Roques a également proposé une bibliographie annotée, ainsi qu'un glossaire complet et la transcription des mélodies : *Aucassin et Nicolette, chantefable du XIIIe siècle*, 2e édition revue et complétée (Paris, Champion, 1982). La dette d'*Aucassin et Nicolette* envers la littérature de son temps est manifeste. Cf. par exemple John Revell Reinhard, « The Literary Background of the Chantefable » *Speculum* 1, (1927), p. 157-69 ; et Kaspar Rogger, « Étude descriptive de la chantefable *Aucassin et Nicolette* », *Zeitschrift für Romanische Philologie* 67 (1951), p. 409-57 et 70 (1954), p. 1-58. Bien des chercheurs ont examiné et discuté le traitement des aspects littéraires de l'œuvre, ainsi que les éléments de parodie, de pastiche et de satire qu'elle recèle. Un article utile de Rudy Spraycar résume bien la question : « Genre and Convention in *Aucassin et Nicolette* », *Romanic Review* 76 (1985), p. 95-115.
3. Le caractère « performé » de cette œuvre est reconnu depuis longtemps – en fait, c'était plus clair il y a un siècle qu'aujourd'hui (les dernières décennies se sont penchées sur

dans *Aucassin et Nicolette* fait appel à une performance extrêmement variée, une de celles qui mettent en lumière un éventail remarquable de modes et de styles de performance, lié à la variété des discours et des scènes que contient le texte. Parallèlement à l'alternance relevée depuis longtemps entre le chant et la parole, on trouve d'autres variations[4] : le récit, à la fois chanté et parlé, la déclamation et probablement la lecture à haute voix, le chant sous diverses formes, le recours à la musique instrumentale, la danse, le mime, et le jeu dramatique et l'imitation. Davantage, il semble évident que cette œuvre a pu être performée par une petite troupe d'acteurs aux divers talents. Les costumes, les accessoires, et les dispositifs scéniques simples faisaient probablement partie de la performance.

Il n'est pas inutile de reprendre certains éléments de base sur cette œuvre inhabituelle, notre seule chantefable, survivant dans un manuscrit unique venant de Picardie, datant d'environ 1200. Cette œuvre brève est composée de 41 courtes sections alternant prose et vers. Les parties en vers, de longueur variable, sont assonancées et composées de vers heptasyllabes, conclues par un simple tétrasyllabe à la fin de chaque partie. Le manuscrit comporte également, et c'est rare, la mélodie pour les parties chantées. La notation nous propose trois lignes mélodiques brèves, les deux premières plus longues. La première ligne de musique était presque assurément destinée au premier vers de chaque section, la seconde pour la

---

d'autres aspects de cette œuvre, comme on l'a vu plus haut). Dans *The Medieval Stage* (Oxford, Oxford U. P., 1903), E. K. Chambers a étudié Aucassin et Nicolette comme faisant partie du répertoire des ménestrels (t. I, p. 42, 45, 74 *sq*.) ; Meyer Lübke a l'a considéré comme une pièce « Aucassin und Nicolette » *Zeitschrift für Romanische Philologie* 34 (1910), p. 706-798. Grace Frank a consacré un chapitre de son *Medieval French Drama* (Oxford : Clarendon, 1954) à Aucassin et Nicolette (XXIII, 237-242), pensant que l'œuvre n'était pas théâtrale au sens strict, mais qu'elle était performée et mimée par un seul acteur. Les questions relatives à la performance d'Aucassin et Nicolette n'ont pas beaucoup retenu l'attention des chercheurs dans les cinquante dernières années. Dans les pages qui suivent, je propose un style de performance fortement hétérogène, impliquant tantôt un simple narrateur, tantôt quelques acteurs – et j'intègre cette discussion dans le contexte plus large de la performabilité d'un large éventail d'œuvres narratives médiévales.

4. À la différence du caractère dramatique de l'œuvre (qui a été délaissé, cf. la note précédente), l'importance du chant et de la mélodie dans *Aucassin et Nicolette* a continué à susciter l'attention, cf. par exemple John Stevens, *Words and Music in the Middle Ages: Song, Narrative, Dance and Drama, 1050-1350* (Cambridge, Cambridge University Press, 1986), p. 222, 225-227.

suite de la section, excepté pour le dernier vers, plus court, destiné à être chanté sur la mélodie plus brève. Les passages en vers dérivent pour une part de la tradition de l'épopée, qui favorisait généralement l'assonance, et qui avait parfois un « petit vers » final : on sait qu'elle était chantée sur des timbres très simples répétés de *laisse* en *laisse*[5]. Mais la longueur du vers est en rupture avec l'épopée, qui privilégiait le décasyllabe – à l'occasion l'octosyllabe ou l'alexandrin : l'heptasyllabe nous vient de la tradition lyrique[6]. Les passages en prose varient également en longueur, bien qu'ils soient généralement plus longs que les passages en vers. Il y a bon nombre de répétitions entre vers et prose. Une autre alternance est de plus à l'œuvre ici : chanté ou parlé. Le manuscrit indique au début des passages en vers « *or se cante* », et au début de chaque passage en prose : « *or dient et content et fablent* ».

Tout ceci implique, si nous ne le pensons pas en termes de poétique mais en termes de performance, une discontinuité majeure, et répétée. Alors que nous nous habituons à la poésie chantée, voici qu'apparaît la prose parlée ; dès que nous sommes entrés dans le récit en prose, il cesse, cédant la place au chant en vers, et ainsi de suite. L'illusion narrative et dramatique, la continuité esthétique sont constamment brisées et remises en jeu, remodelées devant nos yeux et nos oreilles. Aujourd'hui, ce ne sont que les yeux et les oreilles de notre imagination, mais la performance était destinée aux yeux et aux oreilles effectifs du public d'alors. Ainsi, *Aucassin et Nicolette* ne laisse jamais le public s'installer confortablement dans l'histoire, dans les simples plaisirs de l'illusion narrative. Ces changements sont intentionnels et sont ménagés en douceur, avec une continuité et une évidence ménagées par les personnages présents dans toute l'histoire et par la répétition des éléments de l'intrigue.

Nous ne sommes pas cependant dans le simple aller-retour du vers à la prose et du chant à la parole, qui sont d'ores et déjà des changements

---

5. Cf. par exemple le *Dictionnaire des lettres françaises*, s. v. « chanson de geste », p. 239.
6. Les vers heptasyllabes sont fréquents dans la tradition lyrique, cf. par exemple, dans *Chansons des trouvères*, éd. Samuel N. Rosenberg et Hans Tischler, avec Marie-Geneviève Grossel (Paris, « Lettres gothiques », Librairie générale française, 1995), les chants suivant, selon leur numéro dans l'anthologie : Blondel de Nesle (90, 91), Conon de Béthune (93), Gace Brulé (101, 106), Richard de Semilly (110), Gautier de Dargies (117), et Thibaut de Blason (120).

substantiels. Nous basculons aussi, à mon sens, entre un acteur solitaire et plusieurs protagonistes. Cette alternance transparaît dans diverses scènes qui jouent sur la singularité face à la diversité. Nous commençons par la voix solitaire du narrateur âgé, qui présente ainsi son œuvre : « Qui vauroit bons vers oïr / del deport du viel Antif ? » (I, v. 1-2, p. 42)[7]. Et il conclut ainsi :

> Or a sa joie Aucassins
> et Nicholete autresi :
> no cantefable prent fin,
> n'en sai plus dire. (XLI, v. 22-25, p. 162)

Mais dans cette conclusion, un « nous » – *no* cantefable – précède la première personne du singulier du dernier verbe « n'en sai plus dire ». La conscience qu'il s'agit d'un travail collectif traverse l'œuvre, et nous entendons souvent des voix distinctes. L'exemple le plus clair sans doute de la pluralité des protagonistes se trouve dans la scène des bergers : ils sont plusieurs, chantant et jouant des instruments de musique, dansant probablement. Nous y reviendrons, mais notons simplement pour le moment la présence de plusieurs instruments, ce qui sous-entend plusieurs acteurs. Nous avons ainsi des alternances et des ruptures très marquées au long de la performance : vers/prose, chant/parole, solo/groupe. Nous avons également, de façon moins symétrique, des différences de jeu qui découlent de l'ensemble des genres représentés et convoqués dans l'œuvre.

Commençons par la performance des genres narratifs et par la chanson de geste, dont le mode de performance est fondamental pour cette œuvre. Le chant ici tout à la fois imite et diverge du chant épique : s'il est semblable à la laisse épique assonancée et chantée, les vers en sont trop courts : ils sont *lyriques*. Cela doit probablement nous orienter vers un mode de performance inhabituel et intéressant. Et, de plus, la matière qui nourrit ces sections – ces pseudo-*laisses* – n'a rien d'épique.

---

7. Citations à partir de *Aucassin et Nicolette*, édition critique, éd. Jean Dufournet (Paris : Garnier-Flammarion, 1973).

D'autres modes découlant des divers genres et types de discours dialoguent avec cette performance pseudo-épique. La première section en prose commence comme un discours historique[8] :

> Or dient et content et fablent
> que li quens Bougars de Valence faisait guere au conte Garin de Biaucaire si grande et si mervelleuse et si mortel qu'il ne fust uns seux jors ajournés qu'il ne fust as portes et as murs et as bares de le vile a cent cevaliers et a dis mile sergens a pié et a ceval, si li ardoit sa terre et gastoit son païs et ocioit ses homes. Li quens Garins de Biaucaire estait vix et frales, si avait son tans trespassé. Il n'avoit nul oir, ne fil ne fille, fors un seul vallet. Cil estoit tex con je vos dirai (II, l. 1-9, p. 44).

Il s'agit là d'un discours historique de type épique, comme on en trouve souvent au Moyen Âge, intéressé exclusivement aux questions militaires et de possession de terre. Le passage est éloquent et plutôt lourd, caractérisé par des rythmes oratoires binaires (*cevaliers, sergens; pié, ceval; vix et frales; fil, fille*) et ternaires (*grande, mervelleuse, mortel; portes, murs, bares; argoit, gastoit, ocioit*). Ce type de discours ou d'écriture suggère un type particulier de performance (bien que teinté d'une sérieuse dose d'ironie) : un style grave de *prose véridique*; peut-être un style de « lecture-sérieuse-à-haute-voix-à-la-cour ».

Mais tout à coup, en plein milieu de ce discours historique – et de ce style de performance grave et grandiloquent – le narrateur s'arrête et introduit un nouveau personnage, un nouvel ensemble de thèmes, un nouveau genre et un nouveau mode de performance : nous rencontrons le jeune amoureux Aucassin :

> Aucasins avait a non li damoisiax. Biax estoit et gens et grans et bien tailliés de ganbes et de piés et de cors et de bras. Il avoit les caviax blons et menus recercelés et les ex vairs et rians et le face clere et traitice et le nes haut et bien assis [...] Mais si estoit soupris d'Amor, qui tout vaint, qu'il ne voloit estre cevalers, ne les armes prendre, n'aler au tornoi, ne fare point de quanque il deust (II, l. 10-14, 16-18, p. 44).

---

8. Il est bien possible que ce discours en prose imite la première historiographie en prose, et joue avec sa performance. Si c'est le cas, cela affecterait notre perception de la date de l'œuvre. On considère qu'elle a été composée entre le dernier quart du XIIe siècle et le premier quart du XIIIe siècle. On ne connaît pas de textes historiques en ancien français avant 1207 : cf. *Historiens et chroniqueurs du Moyen Âge ; Robert de Clari, Villehardouin, Joinville, Froissart, Commynes*, éd. Albert Pauphilet (Paris, Gallimard, 1952). On ne peut préciser si de tels textes historiques en prose étaient destinés à la lecture à haute voix ou circulaient par écrit, devenant ainsi la cible de parodies ou de pastiches.

Maintenant nous ne sommes plus dans le genre « historique », mais dans le roman, et cela implique un style distinct de performance. Nous entendons à présent la voix narratrice qui présente le portrait romanesque du jeune amant chéri par l'Amour. Il y a d'ailleurs une astuce supplémentaire ici, puisque nous sommes dans la parodie du style romanesque. Ce portrait est plus celui d'une belle jeune *fille* que celui d'un jeune *homme*; Aucassin est trop joli! il est normal pour un jeune « héros » d'être élégant et bien conformé, mais certains éléments rendent son portrait excessif. Sa chevelure blonde et bouclée et surtout sa *face clere* qui est si *traitice* (douce, élégante): c'est ainsi que l'on décrit les belles jeunes filles. Le narrateur nous fait un clin d'œil en brossant le portrait conventionnel d'un héros ou d'une héroïne. Cela entraîne des implications dans le style de la performance: nous ne pouvons nous autoriser à lire sérieusement ce passage comme un passage romanesque. Un tel portrait ne peut être rapporté qu'avec un sourire, et entraîne des sourires en retour de la part d'un auditoire bien au courant de ces conventions. Ainsi, pour ce qui concerne les genres narratifs, nous avons une performance dans un style pseudo-épique; une performance de déclamation historique, ou de lecture à haute voix; et une performance romanesque, traitée avec ironie. (Il y en a d'autres, que je laisse de côté ici.)

Mais nous n'avons pas ici que des genres narratifs. La théâtralité est également présente, comme c'était impliqué par l'alternance entre un conteur soliste et de multiples acteurs. La présence d'une dimension théâtrale dans cette œuvre est particulièrement intéressante, parce que c'est justement autour de 1200 – et en Picardie, d'où provient ce manuscrit – que le théâtre profane (comique pour l'essentiel) se distingue du récit, et, sous d'autres aspects, du théâtre religieux[9].

---

9. Sur l'émergence du théâtre profane, cf. le livre de référence de Grace Frank *Medieval French Drama*, plus particulièrement le chap. XX (« The Beginnings of Comedy in France », 210-216), de même que le chapitre sur *Aucassin et Nicolette* dans *The Mediaeval Stage*. E. K. Chambers examine de façon approfondie l'émergence du théâtre à partir des métiers de mime et de ménestrel, tout comme Allardyce Nicoll (*Masks, Mimes and Miracles: Studies in the Popular Theatre* (New York: Cooper Square Publishers, 1963). Les études récentes sur le théâtre médiéval consacrent peu d'attention aux origines du théâtre profane dans les pratiques de performance et de conte des ménestrels et des autres professionnels du spectacle.

Nous sommes bientôt présentés aux acteurs jouant Aucassin – notre héros benêt et sympathique, fou d'amour – et son père et sa mère. Nous sommes au sein d'un petit spectacle familial, comique. Le père d'Aucassin lui dit : « Fix, car pren tes armes, si monte el ceval, si deffent te terre et aïe tes homes ». (II, 11. 20-21, p. 44) : la réponse indignée d'Aucassin est :

> Pere, fait Aucassins, qu'en parlés vos ore ? Ja Dix ne me doinst riens que je li demant, quant ere cevaliers, ne monte a ceval, ne que voise a estor ne a bataille, la u je fiere cevalier ni autres mi, se vos ne me donés Nicholete me douce amie que je tant aim (II, l. 24-28, p. 46).

Quelques autres personnages dramatiques sont finalement introduits, un ou deux à la fois : le vicomte, Bougars, le veilleur et d'autres.

Il y a une interaction complexe et un glissement ici entre le récit et le théâtre. Parfois un personnage semble être présenté théâtralement, comme nous l'avons vu pour Aucassin et ses parents. Parfois, comme ici, la dimension narrative subsiste cependant, marquée par les mots « fait Aucassin », même si la voix narrative n'est pas la norme. Parfois, le personnage est simplement évoqué et mentionné par le conteur solo, puisque dans le récit traditionnel il y a effectivement un homme-orchestre, imitant toutes les voix, jouant tous les personnages.

Le cas de Nicolette est intéressant, puisqu'elle reçoit un traitement particulièrement mélangé. Elle apparaît parfois comme un personnage complètement théâtral, parlant et agissant, mais elle semble plutôt mimée à d'autres moments. Comme Aucassin, ses parents et d'autres, Nicolette peut être jouée, la plupart du temps, par un acteur spécifique, une femme ou un jeune homme. Les deux amants pourraient de fait être virtuellement semblables lorsque joués, puisqu'ils sont décrits presque dans les mêmes termes : une blonde chevelure bouclée, des yeux vifs, un visage lumineux, aussi jolis qu'on peut l'être. Ils sont probablement vêtus différemment, simplement. L'acteur qui joue Nicolette peut même être un peu plus grand qu'Aucassin : elle est à coup sûr, comme l'ont relevé bien des lecteurs, plus active et vigoureuse, celle qui agit. Lui se lamente la plupart du temps.

Mais Nicolette ne semble pas être un personnage théâtral à part entière quand elle apparaît pour la première fois dans l'histoire, et dans ce passage, sa voix peut être assurée par celle du conteur. Elle nous est présentée dans la section V (son nom a été mentionné brièvement par Aucassin en II).

Le conteur nous la décrit. Elle est, nous dit-on, dans la prison où son père adoptif l'a enfermée :

> Ele avoit blonde la crigne
> et bien faite la sorcille,
> la face clere et traitice :
> ainc plus bele ne veïstes.
> Esgarda par le gaudine
> et vit la rose espanie
> et les oisax qui s'ecrient,
> dont se clama orphenine :
> « Ai mi ! lasse moi, caitive !
> por coi sui en prison misse ?
> Aucassins, damoisiax sire,
> ja sui jou li vostre amie
> et vos ne me haés mie !
> Por vos sui en prison misse
> en ceste canbre vautie
> u je trai molt male vie
> mais par Diu le fil Marie,
> longement n'i serai mie,
> se jel puis far. » (V, l. 7-25, p. 54)

Ici, le narrateur nous la décrit, et il est le premier semble-t-il à investir sa voix. Il est possible toutefois qu'il désigne l'acteur jouant son rôle.

Dans la section suivante, la probabilité d'une représentation mimée semble plus forte encore. Nicolette est, nous dit-on, dans son lit. Un rossignol l'éveille. Elle pense à Aucassin et à son père qui veut qu'elle meure. Elle décide de s'évader de la cellule de sa prison, et elle le fait sur le champ, tressant une corde et s'évadant par la fenêtre. Dans cette scène, nous pouvons entendre le rossignol (l'imitation de chants d'oiseaux était populaire[10]), mais nous *n'entendons pas* Nicolette. Elle ne dit pas un mot, elle se contente d'agir avec sa détermination habituelle :

> Nicolete jut une nuit en son lit, si vit la lune luire cler par une fenestre et si oï le lorseilnol center en garding, se li sovint d'Aucassin sen ami qu'ele tant amoit. Ele se comença a porpenser del conte Garin de Biaucaire qui de mort le haoit,

---

10. Sur l'imitation des chants d'oiseaux par des performeurs, cf. par exemple John Southworth, *The English Medieval Minstrel* (Woodbridge, Suffolk : The Boydell Press, 1989), p. 13.

si se pensa qu'ele ne remandroit plus ilec, que, s'ele estoit acusee et li quens Garins le savoit, il le feroit de male mort morir.
Ele senti que li vielle dormoit qui avuec li estoit : ele se leva, si vesti un bliaut de drap de soie que ele avoit molt bon, si prist dras de lit et touailes, si noua l'un a l'autre, si fist une corde si longe conme ele pot, si le noua au pilier de le fenestre ; si s'avala contreval le gardin, et prist se vesture a l'une main devant et a l'autre deriere, si s'escorça por le rousee qu'ele vit grande sor l'erbe, si s'en ala aval le gardin.
Ele avoit les caviaux blons et menus recercelés, et les ex vairs et rians, et le face traitice, et le nés haut et bien assis, et lé levretes vremelletes plus que n'est cerisse ne rose el tans d'esté, et les dens blans et menus ; et avoit les mameletes dures qui li souslevoient sa vesteure ausi con ce fuissent deus nois gauges ; et estoit graille par mi les flans qu'en vos dex mains le peusciés enclorre ; et les flors des margerites qu'ele ronpoit as ortex de ses piés, qui li gissoient sor le menuisse. du pié par deseure, estoient droites noires avers ses piés et ses ganbes, tant par estoit blance la meschinete.
Ele vint au postic, si le deffrema, si s'en isci par mi les rues de Biaucaire par devers l'onbre, car la lune luisait molt clere, et erra tant qu'ele vint a le tor u ses amis estoit (XII, l. 5-34, p. 78-80).

Cette scène accentue la probabilité du mime. Nicolette n'y dit rien ; elle se réveille, pense, agit. Cette scène pourrait aisément avoir été mimée par l'acteur Nicolette pendant que le narrateur disait ces lignes. Cette solution pourrait permettre un traitement à la fois comique et érotique des charmes féminins de Nicolette : l'actrice (ou l'acteur) peut exhiber, de façon plaisante et peut-être ironique[11], son frais visage et son corps élégant.

11. Bien sûr, si les vannes de la parodie et de la satire par antiphrase étaient larges ouvertes dans la performance, beaucoup d'autres possibilités pourraient s'offrir. Par exemple, Nicolette jouée pourrait (tout le temps ? parfois ?) ressembler vraiment à une sarrasine (et ne pas être si blanche que les marguerites paraissent sombres près d'elle), elle pourrait agir comme une « belle sarrasine » séductrice ; pour cette question et des questions voisines dans l'œuvre, on consultera Maria Rosa Menocal, « Signs of the Times: Self, Other and History in *Aucassin et Nicolette* », *Romanic Review* 80 (1989), p. 497-511 ; et Jane Gilbert, « The Practice of Gender in *Aucassin et Nicolette* », *Forum for Modern Language Studies* 33 (1997), p. 217-228. Ou bien le renversement des genres dans l'œuvre pourrait être poussé à ses limites, Nicolette devenant de plus en plus ostensiblement virile, et contrastant à un Aucassin faible et efféminé. On pourrait penser une performance soulignant le potentiel satirique de l'œuvre : Aucassin pourrait ainsi apparaître comme/être joué comme arrogant et supérieur dans ses relations avec les bergers, et ainsi de suite (sur la question de la satire, cf. Spraycar, « Genre et Convention »).

Ce glissement incessant entre le récit de l'histoire, une pleine incarnation dramatique et le mime, souligne à nouveau l'exceptionnel manque de continuité dans la fabrique de l'illusion, qui est fondamental dans *Aucassin et Nicolettte* : cette petite œuvre divertit en suivant un style de performance extrêmement varié, comme nombre d'autres œuvres médiévales, elle propose un large échantillon de techniques de performance et de performeurs.

Parallèlement à ce mélange de récit et de dramatisation, *Aucassin et Nicolette* implique d'autres modes de performance : la musique instrumentale et, très probablement, la danse. On voit apparaître le chant avec des instruments de musique dans la scène avec les bergers (XVIII et XX-XXII). Quand Aucassin arrive, ils sont en train de chanter. Il leur demande de répéter leur chanson, mais ils refusent. Ce sont des rustres rustiques, ce qui fait l'humour de la scène (il est possible cependant de comprendre ce refus parce que nous sommes (section XXII) dans un passage parlé de l'œuvre ; en d'autres termes, leur refus pourrait être un jeu sur la forme : « nous chantons dans les parties chantées (XXI par exemple), nous nous contentons de parler dans les parties parlées »). Ils semblent de même jouer des instruments de musique : quand Nicolette leur donne de l'argent, ils disent qu'ils en achèteront des tartes, des coutelets et probablement davantage d'instruments : « flaüsteles et cornés/maçuëles et pipés » (XXI, l. 14-15, p. 106). On peut en retirer que les acteurs qui jouent ces rôles jouent de ces instruments ou d'autres : les petits bergers sont des musiciens. Il est probable de même que selon les conventions de la pastorale médiévale – comme on le verra plus avant dans le siècle dans le *Jeu de Robin et Marion* – les bergers dansent. Ils passent un bon moment à pique-niquer sur l'herbe : « si mangeaient lor pain et faisaient mout tresgrant joie » (XX, l. 35-36, p. 104). La légèreté de ces paysans imaginaires peut induire quelques pas de danse.

Comme nous l'avons vu, *Aucassin et Nicolette* attire de diverses façons l'attention sur les modes de performance : l'art du conteur, le jeu dramatique, le mime, la musique instrumentale et probablement la danse. Cela soulève la question des performeurs eux-mêmes. J'ai suggéré plus haut que la *chantefable* était probablement composée pour la performance par un petit groupe aux talents multiples : combien d'acteurs faudrait-il pour mettre en scène *Aucassin et Nicolette* ? Cette œuvre comporte un certain nombre de personnages, mais peu d'entre eux sont pleinement des personnages dramatiques – c'est-à-dire avec des parties parlées, réparties entre plusieurs acteurs, et avec des actions que l'on peut jouer. Les autres personnages sont davantage ancrés dans la tradition du récit et peuvent être convoqués devant l'auditoire par les seuls gestes et la voix du conteur[12].

En dehors du narrateur et des amants, tous les personnages font de brèves apparitions, le plus souvent un ou deux personnages à la fois. Dès lors, une petite poignée d'acteurs peut se démultiplier pour incarner ces nouveaux personnages. Davantage, les acteurs qui jouent Aucassin et Nicolette pouvaient être disponibles à divers moments, puisque dans plusieurs scènes l'un d'entre eux seulement est présent. Pour remplir le cahier des charges, quatre acteurs en plus du narrateur seraient suffisants : les rôles principaux sont le narrateur, Aucassin et Nicolette. Deux acteurs supplémentaires, augmentés de Nicolette ou d'Aucassin quand ils sont disponibles pouvaient jouer successivement le père et la mère, le vicomte, Bougar de Valence, le veilleur, les bergers, le chevalier, le roi de Torelore, le roi de Carthage, la vicomtesse. Ainsi, cinq acteurs pourraient suffire à cette petite troupe, même si davantage aurait été bienvenu : « *More would be merrier!* ».

Des costumes et des accessoires minimaux ou stylisés auraient pu suffire et faciliter le changement rapide des rôles des personnages : une épée pour un chevalier, par exemple, une couronne pour un roi, un instrument de musique ou un bourdon pour un berger, un large manteau pour un homme, un manteau plus petit et de couleur plus vive ou une coiffe pour une femme. Il est possible que la troupe ait eu recours à des décors, une

---

12. Les personnages, qu'ils soient dramatiques ou narratifs, sont : Aucassin et Nicolette, ses parents à lui, le père de Nicolette ; le vicomte, et plus tard la comtesse (rôle muet) ; Bougar de Valence ; le veilleur ; les bergers (dont l'un d'eux seulement parle) ; le chevalier (qui dit à Aucassin d'aller dans la forêt) ; le bouvier monstrueux ; les marchands (muets) ; le roi de Torelore et la reine (muette) ; le roi de Carthage ; le roi païen à qui la famille de Nicolette veut la marier (muet aussi). On évoque de plus quelques groupes de personnages, les chevaliers et les ennemis du roi de Torelore, les Sarrasins et les douze fils du roi de Carthage. Ces divers groupes peuvent être représentés par un ou deux acteurs, ou ne réclament pas même d'être représentés, puisqu'ils ne parlent pas, et peuvent être seulement évoqués par le conteur. Ainsi, par exemple, les marchands et les Sarrasins peuvent être représentés par un ou deux acteurs, ou simplement évoqués par le conteur ; il en est de même pour les douze frères de Nicolette qui sont mentionnés, mais n'agissent jamais comme des personnages et ne parlent jamais.

ville peinte, les murs d'un château, un ou deux bateaux. Nous avons peu d'informations sur ces questions, mais nous sommes dans une période où les œuvres dramatiques commencent à être pourvues de décors[13].

Je n'ai fait qu'effleurer la nature de la performance de cette œuvre subtile et délicieuse, mais il est clair qu'*Aucassin et Nicolette* joue sur les conventions de représentation et combine, de façon ambitieuse et inventive, les pratiques de son temps. Les chercheurs ont souligné qu'il s'agit d'une œuvre basée sur la littérature plus que sur la réalité ; mais c'est peut-être, avant tout, une œuvre sur la *performance*[14].

---

13. Les témoignages subsistants concernent pour l'essentiel le drame religieux. On peut penser par exemple à la représentation du paradis dans le *Jeu d'Adam*. Pour sa mise en scène, cf. Maurice Accarie, *Théâtre, littérature et société au Moyen Âge* (Nice : Serre, 2004), « La mise en scène du Jeu d'Adam » p. 109-124.
14. J'ai travaillé avec mes étudiants sur *Aucassin et Nicolette* dans un cours intitulé « Acting medieval literature », dans lequel j'enseigne la littérature médiévale au travers de la performance. Quelques résultats de ces expérimentations sont disponibles sur le site « Performing Medieval Narrative Today: A Video Showcase: mednar.org ».

Chapitre 4
Le *Roman de la Rose*, performé à la cour[*]

Pour nous, de nos jours, le *Roman de la Rose* est un livre, comme il l'était également pour de nombreux hommes et femmes du Moyen Âge[1]. Il est probable qu'une grande diversité de lectures et de pratiques de réception aient été à l'œuvre dans la présentation du *Roman* au public médiéval. J'ai travaillé moi-même sur quelques-unes de ces questions. Par exemple, j'ai mis en avant que le *Roman* se prêtait lui-même à une *lecture érotique*, c'est-à-dire à une lecture à haute voix dans un cadre intime par un homme et une femme, l'un pour l'autre – une pratique de lecture courtoise qui valorisait l'amour et la formation du couple[2]. J'ai également montré que les pratiques de lecture et de performance dérivant et évoluant, ont pu alimenter la fameuse « Querelle du *Roman de la Rose* »[3].

---

[*] Ce chapitre a paru en anglais sous le titre « *The Romance of the Rose*, Performed in Court » dans *Shaping Courtliness in Medieval France: Essays in Honor of Matilda Tomaryn Bruckner*, eds. Daniel E. O'Sullivan et Laurie Shepard. Woodbridge, UK : Boydell & Brewer, 2013, p. 151-161.

1. La plupart des chercheurs considèrent que le *Roman de la Rose* fonctionnait comme un livre au Moyen Âge : les meilleurs exemples sont Pierre-Yves Badel, *Le Roman de la Rose au XIVe siècle : Étude de la réception de l'œuvre* (Genève, Droz, 1980) ; David F. Hult, *Self fulfilling prophecies: Readership and Authority in the first Roman de la Rose* (Cambridge et New York : Cambridge University Press, 1986) ; Sylvia Huot, *The Romance of the Rose and its Medieval Readers: Interpretation, Reception, Manuscript Transmission* (Cambridge : Cambridge University Press, 1993 [désormais, *Rose/Readers*]) ; Lori Wallers, « Reading the *Rose*: Literacy and the Presentation of the *Roman de la Rose* in Medieval Manuscripts », *Romanic Review* 85 (1994), 1-26.

2. Voir le chapitre 6 sur cette question dans ce volume. Voir aussi : Evelyn Birge Vitz, « Erotic Reading in the Middle Ages : Performance and Re-performance of Romance », in *Performing Medieval Narrative*, ed. Vitz, Nancy Regalado et Marilyn Lawrence (Cambridge : D. S. Brewer, 2005), p. 73-88.

3. Cf. Vitz, compte rendu de John Fleming. *Reason and the Lover, Modern Language Quarterly* 46 (1985), p. 202-208.

Mais le *Roman de la Rose* n'était pas *simplement* un livre au Moyen Âge ; il n'était pas lu de façon exclusive, silencieusement ou à haute voix. Il semble probable que la partie de Guillaume de Lorris a été performée, à la cour ou ailleurs, de façon à solliciter fortement les yeux et les oreilles. La partie de Guillaume était, comme les autres romans du temps, récitée probablement de mémoire par les ménestrels et d'autres professionnels du spectacle, avec des gestes appropriés, des accessoires éventuellement, et assez souvent un accompagnement musical[4]. Dans ces pages, je souhaiterais aller plus loin et proposer l'hypothèse – de fait, dans mon esprit, la forte vraisemblance – que la première partie du *Roman* a également donné naissance à des performances de cour de nature vraiment spectaculaire, incluant des mimes et des acteurs, des costumes et des accessoires, de la musique et de la dance. Elle se prêtait à devenir un spectacle dans le sens le plus large du terme, un spectacle certes mené et organisé par un conteur, mais qui mettait en œuvre les autres arts du spectacle[5]. Plus précisément, elle constitue un témoin de l'influence du théâtre de cour, d'une importance croissante à cette époque.

Dans la décennie qui s'achève, j'ai effectué de nombreuses expérimentations de la partie Guillaume du *Roman de la Rose* en classe, dans un cours intitulé « acting medieval literature », activement animé par les étudiants du Tisch Drama School de New York University. Un site de performance[6] que je dirige propose plus d'une douzaine de séquences de scènes sur *Roman de la Rose*, issues du travail de mes étudiants. Nous avons pu montrer que la partie Guillaume se prête aisément à la performance. Mais alors que progressait cet atelier, essentiel à ma réflexion et à ma

---

4. Voir par exemple Vitz, *Orality and Performance in early verse romance* (Cambridge : D. S. Brewer) 1999.
5. Dans cette perspective, il convient de noter que le film d'Éric Rohmer, *Perceval le Gallois* (les films du Losange, 1978) représente une tentative remarquable de mise en évidence de la performabilité d'un roman médiéval – le *Perceval* de Chrétien de Troyes – en illustrant, dans le cinéma, un large éventail de stratégies de perfomances : le récit, l'action dramatique, avec divers acteurs munis de costumes et d'accessoires, le chant, et la musique instrumentale, y compris l'emploi de petits appeaux d'oiseaux tenus à la main (pour l'imitation des chants d'oiseaux, voir plus bas).
6. « *Performing narrative today, a video showcase* » : mednar.org. Un autre site consacré aux performances peut retenir l'attention – il s'attache exclusivement aux scènes de la littérature médiévale arthurienne « Arthurian Legend Performed », sur Vimeo https://vimeo.com/arthurperform.

compréhension de la performance, ma conviction d'une performabilité éclatante du *Roman de la Rose* a trouvé ses arguments essentiels dans divers types d'évidences médiévales, à commencer par l'évidence interne du *Roman* lui-même.

Les passages d'ouverture du *Roman* incitent déjà à la performance. Posons un performeur quelconque (peut-être Guillaume lui-même au départ), récitant ou lisant à haute voix à partir du récit. Le performeur-narrateur peut simplement raconter l'histoire, décrivant le jeune homme qu'il était lui-même cinq ans plus tôt, et racontant tous les déplacements et les événements qui lui sont arrivés. Mais, comme bien des chercheurs l'ont remarqué, le narrateur parle de quelqu'un qui est à la fois lui-même et un autre, un *moi* antérieur, quelqu'un qu'il n'est plus à présent[7].

Cette figure clé du récit – le jeune homme dont nous parle le narrateur – peut très bien avoir été mimé silencieusement pendant que le narrateur ou le conteur racontait ou lisait le récit.

> Lors m'iere avis en mon dormant
> Que matins estoit durement.
> De mon lit tantost me levai,
> Chauçai moi et mes mains lavai ;
> Lors trais une aguille d'argent
> D'un aguiller mingnot et gent,
> Et pris l'aguille a anfiler.
> Hors de vile oi talent d'aler...
> Cousant mes manches a videle,
> Lors m'en vins touz seus esbatant
> Et les oisselez escontant
> Qui de chanter mout s'esjoissoient
> Et nule foiz ne reposoient.
> Jolis, gais et pleins de liesce
> Vers une riviere m'adresce
> Que j'oi illeques bruire,
> Que ne me soi aler deduire
> Plus bel que sus cele riviere... (v. 85-107)[8]

---

7. Cf. par exemple Vitz, ch. 2 « The *I* of the *Roman de la Rose* », *Medieval narrative and Modern Narratology: Subjects and Objects of Desire*, (New York : New York University Press, 1989).
8. Guillaume de Lorris and Jean de Meun, *Le Roman de la Rose*, éd. et tr. Armand Strubel (Paris, Lettres gothiques, 1992). Les nombres entre parenthèses renvoient aux vers.

Avant d'aller plus loin, interrogeons-nous : quelle est la vraisemblance d'une performance mimée dans une scène de ce type ? qu'en même temps que le narrateur racontait – ou lisait – l'histoire, un autre performeur la joue ? Les chercheurs qui ont travaillé sur le premier théâtre médiéval – des personnalités comme Richard Axton, Glyn Wickham et Grace Frank, et les historiens de la performance médiévale en général, comme Edmond Faral et Allardyce Nicoll, ont tous souligné la présence et l'importance du mime dans la période médiévale, qui menait à une dramatisation à part entière, et qui pouvait également accompagner divers types de performance.

Le mime, à la fois silencieux et parlé, a joué un rôle important dans la performance en langue vernaculaire, présent très tôt, et assurément aux XIIe et XIIIe siècles. Il n'y a dès lors pas de risque d'anachronisme à supposer la présence d'un mime pour la performance de cette scène. Si nous acceptons la présence d'un mime comme hypothèse de travail, comment cela pouvait-il se mettre en œuvre ? Dans les premiers vers du roman, nous pourrions voir un acteur s'éveillant doucement, se levant de son lit, mettant ses chaussures et lavant son visage. Il s'habille, coud ses manches, et commence à se mouvoir dans un espace attrayant – en même temps que l'acteur racontait ou lisait ces vers narratifs.

Mais le jeune homme n'est en aucune manière la seule figure à inciter au mime : Il voit d'admirables – admirablement présentées – images repoussantes peintes sur le mur extérieur d'un jardin. Ce que nous avons, en termes rhétoriques, dans les images de Haine et de ses compagnes, c'est une *ekphrasis*, une peinture par les mots, le tableau frappant d'une personne au travers d'une description par des mots. Mais ces figures peuvent très bien avoir été mimées par de nouveaux performeurs. Les allégories peintes sur le mur du jardin peuvent avoir été assises, ou posant comme le conteur les présente, elles peuvent s'être avancées l'une après l'autre depuis un banc ou une niche quelconque (ou sortant de derrière une toile peinte) pour représenter et jouer le vice ou le personnage négatif en jeu. Nous voyons en effet de tels détails dans de nombreux manuscrits enluminés. Les costumes et même les accessoires sont présents, comme les gestes appropriés. Ainsi, par exemple, Avarice tient habituellement une bourse qu'elle serre contre elle, refusant d'en sortir quoi que ce soit (v. 227-231). Pauvreté est très mal vêtue, tremble de froid et se terre dans un coin comme un chien battu (v. 447-554).

Ainsi, dès les premières scènes du roman, nous pourrions avoir des figures mimées pour le personnage central du récit, et également pour les images sur les murs. Sait-on si la représentation – l'incarnation et la performance – de personnifications allégoriques, nommées simplement *personnages* est attestée à cette période ? La réponse est oui, assurément. Hildegarde de Bingen nous a laissé des allégories performées dans son jeu religieux musical, l'*Ordo virtutum*. Un autre exemple entre plusieurs est le roman de *Silence*, du XIIIe siècle, avec les personnages puissamment dramatiques de Nature et Nourriture, qui s'affrontent violemment. Les figures allégoriques étaient, on le voit, perçues comme performables, et elles le seront de façon croissante, par exemple dans les œuvres où les vices et les vertus – ou les filles de Dieu – jouent un rôle important.

Le mime n'est pas toutefois la seule sorte de performance à laquelle cette œuvre invite. Nous le voyons clairement alors que nous avançons dans le roman. Jusqu'après la scène avec les figures sur le mur (v. 463), aucun personnage n'a parlé, on n'a entendu aucune voix en dehors de celle du narrateur. Le jeune homme et toutes les figures allégoriques ont été absolument silencieux. Mais après la description des images à l'extérieur du mur, nous semblons évoluer vers une forme de performance plus complexe, mêlée et dynamique. Nous entendons le chant des oiseaux, puis des voix humaines. Ensuite, une corporéité et la danse s'ajoutent au mime pour produire une performance de plus en plus vivante, à la mode de la cour, avec l'ensemble des arts de la scène.

Viennent d'abord les chants d'oiseaux. D'en dehors du jardin, le narrateur peut les entendre chanter admirablement à l'intérieur (v. 481 *sq.* ; on les avait brièvement mentionnés dès les v. 95 *sq.*). Ces chants d'oiseaux étaient-ils imaginaires pour l'auditoire, simplement évoqués par les mots du narrateur ? peut-être ; c'est ce que nous sommes obligés de faire pour nous-mêmes de nos jours, quand nous lisons silencieusement cette scène. Mais la description des chants d'oiseaux a pu être amplifiée et accomplie par un chant réel, une musique vivante. Il y a bien des possibilités alors ; l'imitation des chants d'oiseaux était une sorte de musique pratiquée par les musiciens médiévaux, par exemple les joueurs de flûtes, traversière ou à bec. Et juste après ce passage, Guillaume évoque des joueurs de flûte (v. 746) (on peut se rappeler *La Messe des oiseaux* du trouvère Jean de Condé, au XIIIe siècle). On peut penser également au sifflement. Et puis bien des chansons contiennent des suggestions d'imitation de chant d'oiseau par des chanteurs, et on dit de ces oiseaux qu'ils chantent comme des anges (v. 664), ce qui peut laisser supposer des chanteurs expérimentés, peut-être même un petit chœur en quelque sorte. Une autre possibilité encore, il y avait, semble-t-il, des oiseaux dressés à chanter, à l'instar d'autres animaux dressés à faire divers tours. Pour finir, il existait des oiseaux mécaniques, parmi les diverses sortes d'automates, plus particulièrement à Byzance[9]. Le Moyen Âge aimait les effets spéciaux, comme cela apparaît dans le théâtre. En bref, une certaine forme de musique peut très vraisemblablement avoir accompagné la description des superbes chants d'oiseaux, ajoutant une nouvelle dimension aux diverses possibilités de performance de l'œuvre, tendant vers un spectacle total.

Après le chant des oiseaux, nous entendons la voix humaine. Oiseuse est le premier personnage à parler, en dehors du narrateur lui-même. Nous avons à ce qu'il semble dépassé le mime. Ce n'est pas seulement la porte des jardins aux plaisirs promis qui s'ouvre devant nous, mais celle qui mène vers les possibilités de performance d'un spectacle de cour élaboré. La performance, toutefois, reste toujours ancrée dans le récit : le narrateur est toujours présent, racontant son histoire.

Oiseuse est un personnage à part entière, une femme ravissante (v. 524 *sq.*), élégamment vêtue, et elle tient dans ses mains un miroir où elle se contemple (v. 557). Oiseuse parle longuement (v. 582-618), expliquant que lorsqu'elle a fini de se coiffer et de se vêtir, elle a achevé le travail de sa journée ! (L'oisiveté est manifestement ce qui permet l'entrée dans son jardin, dans la belle vie de la cour.) En réponse à son discours et à son invitation, le jeune homme – qui n'a pas dit un mot jusqu'ici – parle enfin, pour la première fois ; il demande l'autorisation d'entrer dans ce jardin (v. 612-630) pour rencontrer l'élite et la joyeuse assemblée qui s'y rassemble.

---

9. L'empereur Constantin VII avait un arbre plein d'oiseaux mécaniques, entre autres merveilles, comme Liutprand de Crémone le rapporte au XIIe siècle. Liutprand nous parle des dispositifs que les Byzantins utilisaient pour impressionner les visiteurs étrangers. Décrivant la réception d'un ambassadeur par Constantin VII quelques années plus tôt, il précise « devant le trône de l'empereur se trouvait un arbre de bronze doré, ses branches étaient de bronze doré grouillant d'oiseaux, faits de même bronze doré, et qui chantaient, chacun selon sa propre espèce ». http://depts.washington.edu/uwch/silkrnad/cities/turkey/istanbul/istanbul.html consulté le 2 mai 2012. François Bougard (trad. et comm.), Liudprand de Crémone, *Œuvres*, Paris, CNRS éditions, 2015, p. 77-335.

Apparaît alors un nouveau groupe de figures allégoriques, et ce groupe, à la différence des peintures à l'extérieur du jardin, est à la fois superbement vêtu et animé physiquement. Alors que le jeune homme suit un petit chemin parfumé de menthe et de fenouil, il rencontre Déduit, Liesse, le dieu d'Amour, Beauté, Richesse avec son amant Largesse, Courtoisie, et Jeunesse. À la différence des figures du mur, qui étaient largement, si ce n'est absolument immobiles, ces figures élégantes sont mobiles : elles dansent ensemble une *carole*, pendant que le narrateur les nomme et nous les désigne, une après l'autre (v. 713 *sq.*).

Il est sans doute utile de préciser exactement ce que je propose : je pose qu'au moins dans certaines performances de cour de la partie Guillaume du *Roman de la Rose* – des occasions où l'on ne manquait ni d'argent ni d'une abondance et d'une diversité de performeurs disponibles – ces grandioses et importantes figures allégoriques ont pu être incarnées et jouées. Il se peut que des membres du public de cour aient participé à la danse, aux côtés des artistes professionnels. C'était leur univers ! Ils pouvaient jouer leur propre rôle, leur richesse, leur beauté, leur élégance, leur jeunesse, leur *amabilité*. Nous rencontrons précisément cette sorte de situation de performance dans le roman occitan du XIIIe siècle *Flamenca*. Le roi demande à toute la cour de se lever et de danser ensemble à la musique des ménestrels, la reine conduisant Flamenca, le roi dansant également. On nous dit ensuite que Jois (Joie) et Joven (Jeunesse) mènent la danse, avec leur cousine Proesa (Valeur). Pendant leur danse, Avolesa (Avarice) et Cobezesa (Convoitise) se lamentent sur l'argent dépensé[10] !

Je pose également que, parallèlement à la vue et à l'ouïe, l'odorat peut avoir été sollicité ici. L'auditoire peut avoir joui des merveilleuses odeurs de ce jardin paradisiaque – exactement comme les spectateurs du *Jeu d'Adam* ont pu apprécier la douceur du jardin d'Éden au travers d'accessoires floraux, mentionnés dans les didascalies du jeu[11].

---

10. *Flamenca*, édition François Zufferey et traduction Valérie Fasseur, Paris, Le Livre de Poche, « Lettres Gothiques », 2014, v. 714 *sq.*
11. Le *Jeu d'Adam*, de la fin du XIIe siècle, contient des instructions de mise en scène et de décor : comment représenter le paradis, comment sont vêtus les personnages, comment ils doivent parler, et les gestes qu'ils doivent faire. Et il est spécifié que le Paradis doit sentir bon, *être plein de fleurs odorantes et de branches*. Il existe trois excellentes, récentes et complémentaires éditions de ce texte : *Le jeu d'Adam*. Édition bilingue, établie,

Comme la danse se termine, le jeune homme, silencieux à nouveau, se promène dans le jardin. Nous sommes face à des scènes qui invitent au mime silencieux. Ainsi, nous pourrions voir l'histoire d'Écho et Narcisse comme une scène mimée. Dans l'essentiel de la seconde partie du *Roman de la rose* de Guillaume, il n'y a pas de performance en solo. Nous trouvons plutôt une alternance entre le mime – animé parfois par du chant, de la musique et de la danse – et une action plus dramatique ; ce dernier mode devient progressivement dominant (on trouve dans *Aucassin et Nicolette* des alternances et des variations de performance comparables, et cela fait parfaitement sens[12] : nous sommes au moment où ont lieu beaucoup d'expérimentations autour de la performance).

Quelques exemples de cette alternance dans la partie Guillaume du *Roman* pourront être utiles : nous pouvons voir l'alternance potentielle du mime et du jeu dramatique dans la longue scène (v. 678-2765) où le dieu Amour attaque et vainc le jeune homme, et lui parle longuement. Au début de cette scène, nous pourrons avoir du mime ; nous voyons Amour et son archer, la flèche encochée, poursuivant silencieusement l'insouciant jeune homme comme il se promène dans le jardin. Ils décochent ensuite les flèches personnifiées, Beauté, Courtoisie et d'autres sur le jeune homme, qui défaille de ces nombreuses blessures d'amour. Cette scène pouvait être mimée de nombreuses façons stylisées.

Mais bientôt les possibilités dramatiques évincent le mime, et définitivement, avant que le poème cesse, et que le narrateur s'enfonce dans le silence. Une fois que le jeune homme a été vaincu, qu'il est désormais un amant, la nature de la performance du passage change, les personnages de premier plan se multiplient. Du vers 2788 au vers 4056, l'œuvre devient fortement dramatique, c'est-à-dire avec des personnages marquants, incarnés, et en interaction les uns avec les autres. Le dieu

---

traduite, présentée et annotée par Véronique Dominguez, Paris, Champion (Champion Classiques. Moyen Âge, 34), 2012 ; *Le jeu d'Adam*, établissement du texte, traduction et introduction de Christophe Chaguinian, Orléans, Paradigme (Medievalia, 85), 2014 ; *Le jeu d'Adam*, édité et traduit par Geneviève Hasenohr, introduction de Jean-Pierre Bordier et Geneviève Hasenohr, Genève, Droz (Texte courant, 81), 2017.

12. Voir chapitre 3 de ce volume. Voir aussi Vitz, « Performing *Aucassin et Nicolette* » *Cultural Performances in Medieval France: Essays in Honor of Nancy Freeman Regalado*, éd. Eglal Doss-Quinby, E. Jane Burns, et Roberta Krueger (Cambridge : D. S. Brewer, 2007), 239-249.

Amour est parti (v. 2765), et surviennent maintenant tout un groupe de personnages fortement caractérisés comme Bel Accueil, Danger, Raison, Ami, Franchise, Pitié, Malebouche, Honte, et Peur – sans parler de Vénus, qui reproche à Bel Accueil (v. 3440-3470) sa dureté envers l'amant, alors qu'elle agite sa torche brûlante (le baiser final est acquis dès lors). Nous entendons abondamment les voix des personnages. Il y a là beaucoup de dialogues, et bien des répliques de taille et d'importance substantielle. Celle de Raison, par exemple (v. 3096-3170) est de 75 vers : c'est assez long pour avoir du poids dans un propos théâtral, mais assez court pour s'intégrer dans un dialogue joué, sans devenir un long et pesant monologue. Nous voyons aussi les gestes et les actions des personnages : Bel Acueil est direct, charmant et amical – mais il prend peur quand l'amant lui confie son désir de cueillir la rose, et s'enfuit de terreur. Danger est brutal, rustre et violent. Il crie et agit comme un insensé, en brandissant son gourdin acéré. Il hurle sur l'amant et le pourchasse, le forçant à sauter au-dessus de la haie pour s'enfuir. Par contraste, Raison avise l'amant depuis sa tour, et descend et lui parle avec sagesse. Elle est noble et pondérée, mais l'amant lui répond en bougonnant et rejette ses conseils avec irritation (v. 3071-3093). Il pleure ensuite et se lamente amèrement sur lui-même. Quelques scènes semblent potentiellement comiques, comme par exemple lorsque l'amant saute par-dessus le mur pour échapper à Danger, qui lui-même peut être joué aussi bien comme un personnage comique que comme un rôle inquiétant.

Le point essentiel est clair à mon sens. La partie Guillaume du *Roman de la Rose* invitait à des performances de type à la fois varié et incarné. Je ne veux pas dire qu'il s'agissait de « théâtre »., mais plutôt que l'œuvre n'était pas exclusivement lue silencieusement, ni même à haute voix. Davantage, elle n'était pas simplement récitée. Elle était au moins parfois performée et actualisée dans des dispositifs de cour très variés, même quand il s'agissait d'une seule performance du poème.

Il est important de poser la question en termes plus larges : qu'est-ce qui justifie une telle approche, qui pourrait apparaître comme arbitraire ou forcée ? Les chercheurs assurément ne pensent pas d'habitude à aborder l'œuvre sous cet angle. Quels sont les éléments qui peuvent aller contre ? Il est vrai que je ne peux pas démontrer ce que je dis, pas plus que d'autres ne peuvent démontrer que le *Roman* était « habituellement » lu silencieusement ou même à haute voix ; on ne peut prouver ni l'un ni l'autre[13], et le nombre de choses que l'on peut effectivement « prouver » sur le Moyen Âge est minime à vrai dire. Le fait que nous soyons aujourd'hui des clercs, des intellectuels entraînés et professionnels, tous lecteurs silencieux, devrait nous inviter à la réticence : cela n'était pas le cas dans un public de cour, il y a plus de 700 ans. Alors que Sylvia Huot s'attache à un type particulier de lecteurs, elle souligne que des catégories différentes réagissaient aux divers aspects de cette œuvre riche, complexe, et née de deux auteurs. « The evidence of the manuscripts shows, then, that medieval reception of the *Rose* was pluralistic rather than monolithic[14]. » Les gens réagissaient de diverses façons, et une de leurs réponses a pu se faire au travers de la performance, et avec celle-ci.

La question : était-ce matériellement possible ? – ou plus précisément, qu'est-ce qui se faisait alors, en terme de performance ? Plusieurs évidences renforcent l'idée que le *Roman de la Rose* de Guillaume était à même de susciter de riches performances, théâtrales et sollicitant tous les sens. Ma conviction naît de notre (pas la mienne seulement, mais *notre*) connaissance et compréhension du goût médiéval, et de la poétique et des courants de performance en vogue au XIIIe siècle.

Une question-clef est celle de la fréquence de l'introduction, dans un récit narratif, de mimes et d'interactions dramatiques, et du recours à divers performeurs. En fait, quelle était la fréquence de ce type de mélange, distinct de la pure narration par un conteur soliste, de la simple mise en voix par un ménestrel ou un lecteur ? Nous devrions reconnaître et respecter l'esthétique médiévale, et ce que nous pourrions appeler les contraintes de performance du temps. Du début au milieu du XIIIe siècle, nous sommes dans la période où le théâtre profane prend son essor à la fois dans un milieu urbain et à la cour – et ce développement est significatif. Cela signifie que les performeurs qui s'occupent du roman sont à présent

---

13. On peut montrer que certains clercs lecteurs réagissaient à un manuscrit précis d'une façon précise, comme Huot, *Rose/Readers*. Mais il ne peut être démontré que la plupart des gens, particulièrement dans les milieux de cour, aient connu et apprécié le *Roman* par la lecture. Il est probable qu'ils l'ont entendu et vu représenter.
14. « Les manuscrits nous montrent avec évidence que la réception médiévale du *Roman de la Rose* était plurielle plus qu'univoque », *Rose/Readers*, p. 37 : cf. également p. 10. Elle traite de la « rose protéiforme » p. 323-337. Badel en parle en général de la même manière dans *Le Roman de la Rose au XIVe siècle*.

en concurrence avec les acteurs de théâtre, en concurrence pour trouver des clients et du public. Il est évident que les conteurs incluaient le dialogue dramatique, la musique et la danse pour relever leurs performances ; on infléchit et expérimente ainsi les genres de performance. Les poètes et les performeurs jouent avec les limites et les combinaisons des genres traditionnels et des formes de discours. Jean Renart, dans son *Roman de la Rose ou de Guillaume de Dôle*, introduit des parties chantées dans son récit, comme l'ont fait d'autre romanciers en vers du XIIIe siècle. Ces expérimentations se font à tous les niveaux, en termes de genre. Adam de la Halle dans son *Robin et Marion*, combinait le théâtre – avec des personnages et une trame dramatique empruntée à la pastourelle lyrique – et la danse. Dans ce contexte, il est bon de noter qu'un des premiers manuscrits importants de du *Roman de la Rose* (ms. BnF fr. 1569) ne contient que deux œuvres, le *Roman* de Guillaume, associé à *Robin et Marion*[15]. Si nous considérons que le contexte manuscrit nous donne d'importantes informations sur l'interprétation et la finalité d'une œuvre telle qu'elle est conservée, l'association de ces deux œuvres est un fort indice de performance[16].

Mais considérons de plus près les indications des manuscrits, et particulièrement l'iconographie. Nous connaissons des centaines de manuscrits du *Roman de la Rose* (certains d'entre eux fragmentaires), bien plus de 300 à présent. Beaucoup sont illustrés, et certains avec une richesse exceptionnelle. On peut en voir beaucoup en ligne à présent, particulièrement sur le site de Johns Hopkins consacré au *Roman de la Rose*[17]. Manifestement, les gens du Moyen Âge qui aimaient le *Roman de la Rose* ne partageaient

---

15. Cf. Ernest Langlois, *Les Manuscrits du Roman de la Rose, description et classement* (Lille, Tallandier, Paris, Champion, 1910), p. 25-26. Quelques autres manuscrits ont également associé le *Roman de la Rose* (et particulièrement la première partie) à quelques œuvres possédant de fortes potentialités de performance, comme le fabliau, le *conte*, le *lai* ou la poésie lyrique. Cf. par exemple Langlois, p. 49-50 ; (BnF fr. 12786), 60-1 (BnF fr. 24390), 87-90 (Bibl. James de Rothschild 2800) ; 139 (Rennes Bibl. mun. 243). Cf. aussi Huot, *Rose/Readers*, 34.
16. Pour une remarquable étude récente sur le contexte manuscrit, cf. Elizabeth Wright *Manuscript meanings and genres in Adenet le Roi's 'Berte as grans pies': Compilation and reception*, VDM Verlag 2009.
17. Cf. https://dlmm.library.jhu.edu/fr/bibliotheque-numerique-du-roman-de-la-rose/ consulté le 13 août 2019.

pas l'esthétique « moderne », la compréhension « moderne » de la relation idéale du lecteur au texte, où le texte raconte et décrit des choses que nous imaginons ensuite – et *imaginons seulement* – comme une vue de l'esprit. Ou peut-être est-il préférable de dire que cela *était* l'esthétique moderne : le film, la télévision et les autres médias contemporains la font vite reculer. Nous nous approchons à présent de la situation d'un public médiéval, et revenons à sa disposition d'esprit et à son goût pour ce qui s'entend et se voit. S'ils voulaient voir leur histoire représentée dans leurs manuscrits, pourquoi n'attendrions-nous pas d'eux qu'ils voulaient la voir également représentée à haute voix, en vrai ! – et nous savons que la plupart des œuvres de cette période étaient destinées à une lecture à haute voix. En fait, les créateurs des premiers manuscrits peuvent avoir retiré l'idée d'une illustration – et des idées pour leurs illustrations – du *Roman de la Rose* précisément du fait de l'avoir vu représenté, et certains manuscrits plus tardifs peuvent avoir compensé la disparition de telles performances. Les illustrations du *Roman de la Rose* ne suivent pas un programme précis, il n'y a pas de modèles fixes pour visualiser une performance du *Roman*[18]. On peut en inférer que certains illustrateurs s'appuyaient sur des performances qu'ils avaient effectivement vues.

Une question importante subsiste : Peut-on croire que Guillaume de Lorris a consciemment, activement, destiné son œuvre à une performance telle que je la propose, à savoir un spectacle très varié et plein de sensations, pleinement synesthésique ? On ne peut pas le savoir. Mais en tout cas, quand nous ouvrons la porte à cette question de performance dans l'œuvre, elle s'ouvre immédiatement et à deux battants devant nous,

---

18. Expliquons-nous : il y a des modèles pour des scènes spécifiques et des personnages (par exemple, Oiseuse suit souvent les représentations de Luxure) ; mais il n'y a pas de programme iconographique pour le *Roman de la Rose* dans son entier, comme on peut le voir dans les manuscrits. C'est le cas même lorsqu'un manuscrit est copié sur un autre et qu'ils ont le même nombre d'illustrations. Sur ce point, cf. Meredith T. McMunn, « Reconstructing a Missing Manuscript of the *Roman de la Rose*: The Jersey Manuscript », *Scriptorium* 53 (Fall 1999), p. 31-62, et pl. 3-15 ; « Illustrated Fragments of the *Roman de la Rose* », *Interpreting and Collecting Fragments of Medieval Books*, ed. Linda Brownrigg et Margaret Smith (Los Altos : Anderson Lovelace ; The Red Gull Press, 2000), 97-113 ; et « Representations of the Erotic in Some Illustrated Manuscripts of the *Roman de la* Rose » *Romance Languages Annual* 4 (1993), p. 125-130. Merci à elle d'avoir partagé avec moi sa remarquable collection d'illustrations du *Roman de la Rose*, et pour ses riches commentaires.

et offre de larges perspectives. On peut bien penser que les performeurs de cour ont perçu la même chose.

Il se peut même que la popularité du *Roman*, à l'aide des performeurs et de leur public, aide à rendre compte en partie de son étonnant succès au Moyen Âge. L'œuvre était remarquablement célèbre, mais dans un moment où il y avait peu de lettrés à la cour, ce qui signifie qu'elle n'a pas été simplement lue en privé ; elle a dû être, d'une manière ou d'une autre, performée. Je pense que la performance puissante et musicale a pu contribuer à faire de cette œuvre le « tube » qu'elle a été. Jean de Meun s'embarquait dans une œuvre déjà renommée[19], qu'il a bien sûr radicalement modifiée. Jean de Meun peut avoir mis le livre dans les bibliothèques et lui avoir donné le statut de référence, mais Guillaume à coup sûr l'avait lancé comme un poème à mettre en spectacle ! Une prise en compte adéquate de la performance de la seconde partie du *Roman* – la volumineuse continuation de Jean de Meun – excède l'ambition de ces pages. C'est cependant une question trop importante pour être complètement délaissée, et il convient de faire quelques brefs commentaires. Tout d'abord, une des premières familles de manuscrits du *Roman* (la famille B, quatorze manuscrits) semble avoir été produite par ou pour ceux qui connaissaient déjà et appréciaient le poème de Guillaume, et avant que la continuation par Jean ait obtenu sa totale et entière reconnaissance[20]. Dans ces manuscrits (comme BnF fr 25534) la partie Jean est très largement raccourcie, ramenée à trois mille vers environ. Cela le rendait plus ou moins performable, selon les mêmes critères que la partie Guillaume. D'autre part, des familles de manuscrits plus tardives offrent un tableau radicalement différent. Pour elles, on retient l'ensemble de la masse textuelle de Jean – parfois avec des variantes substantielles. Un poème de 18 000 vers n'est pas performable dans son entier. Il est clair cependant que bien des gens – des hommes surtout ? – connaissaient et récitaient de mémoire des morceaux conséquents de l'œuvre de Jean de Meun ; certains de ces passages sont précisément ceux qui faisaient enrager Christine

---

19. Sur la circulation des manuscrits du seul poème de Guillaume, cf. Huot, *Rose/Readers*, p. 5.
20. Cf. Huot *Rose/Readers*, particulièrement le chapitre 4 « Adapting Jean de Meun to Guillaume de Lorris, the *Rose* of the B manuscripts », p. 130 *sq*. Cette famille B de manuscrits est un indice supplémentaire du succès du poème de Guillaume.

de Pizan. Ainsi, à sa mesure, la continuation de Jean répondait et à vrai dire poursuivait l'appel à la performance de la partie de Guillaume.

Ce roman était, et reste aujourd'hui, riche en potentialités de performance. Mes étudiants et moi-même avons eu grand plaisir à les explorer. Ces potentialités incluent le mime et l'action dramatique, la musique vocale et instrumentale, des décors, des costumes et des accessoires de tous ordres, y compris d'ordre olfactif, des déplacements chorégraphiés, et de la danse. Toutes ces potentialités sont latentes, présentes dans l'œuvre, mais ont été largement ignorées. Il est temps de commencer à les approcher, et à apprécier cette œuvre sous un nouveau jour : comme *performable* ; à vrai dire, comme *performée*[21].

---

21. Mes remerciements à Nancy Regalado pour ses utiles commentaires.

Chapitre 5

Une vitrine pour les talents : la performance dans *Flamenca*, la performance de *Flamenca*[*]

Dans *Orality and Performance in Early French Romance*[1], j'ai cité à diverses reprises le roman occitan anonyme du XIIIe siècle *Flamenca*, qui donne une description détaillée des performances festives à la cour. Les ménestrels et les jongleurs performaient les romans de mémoire, et souvent chantaient également la poésie lyrique et les chansons de geste, et bien d'autres types d'œuvres. Je reviens à *Flamenca* dans ces pages. Je souhaite d'abord examiner de plus près les descriptions de performance qui s'y trouvent, et attirer l'attention sur le thème même de la performance dans l'œuvre[2]. Je montrerai ensuite qu'il est possible et nécessaire de prendre au sérieux les scènes de performance dans le roman, comme si elles nous invitaient à considérer – à démêler *à partir du texte* la question de la performance du roman *Flamenca* lui-même. Je montrerai que cette œuvre fait appel, à divers moments, à au moins trois types de performances particuliers et très distincts, de nature puissamment dramatiques. L'un d'entre eux est également fortement musical.

---

[*] Cet article a paru en anglais sous le titre « Performance in, and of, *Flamenca* » dans *De sens rassis: Essays in Honor of Rupert T. Pickens*, éd. Keith Busby, Bernard Guidot and Logan E. Whalen (Amsterdam : Rodopi, 2005), p. 683-698.
1. *Orality and Performance in Early French Romance* (Cambridge, D. S. Brewer, 1999), ch. 6.
2. Bien des aspects de *Flamenca* ont suscité l'attention soutenue des chercheurs. Mais les questions relatives à la performance de ce roman – comme celles de la plupart des romans en vers – n'ont quasiment pas été soulevées. Les articles relatifs à mes interrogations seront mentionnés plus bas.

I

On trouve à bien des endroits du roman des références aux jongleurs et à la performance[3]. Mais les plus importantes apparaissent tôt dans le roman[4]. Le premier passage qui nous retiendra intervient peu après le mariage entre le seigneur Archambaud et l'héroïne Flamenca : Archambaud donne un grand festin en l'honneur de son mariage et de sa nouvelle épouse, le jour de la saint Jean d'été. On nous dit qu'à l'occasion de ce festin se trouvent, en plus des nombreux invités, plus de 1 500 jongleurs. À la fin du repas, les jongleurs se lèvent pour jouer. Le passage court des vers 592 à 706 : 114 vers, que je ne peux citer intégralement. Cependant, je vais résumer brièvement ce passage, avant de revenir plus en détail sur certains points.

Le passage commence à parler du caractère musical des performances. Il y a une brève énumération des genres musicaux et d'œuvres bien connues : pièces pour viole, chants, descorts, lais (v. 596-597) Le *Lai du Chèvrefeuille* (« lais del Cabrefoil ») et d'autres sont mentionnés (v. 599-601). Divers instruments sont ensuite énumérés (v. 599-611), instruments à cordes tout d'abord, et les plus nombreux : *arpa* (harpe), *viula* (viole), *giga* (rebec), *rota* (rote), *mandura* (mandore), *sauteri* (psaltérion), et *manicorda* (monocorde). Mais il y a d'autres instruments aussi, la flûte (*flaütella*), le fifre (*siula*), la musette (*musa*) et la chalemie (*caramella*). Vient ensuite une énumération des performeurs autres que musiciens, les marionnettistes, les jongleurs, les acrobates et autres (v. 611-616).

---

3. Christopher Page est l'un des quelques chercheurs à avoir étudié *Flamenca* en termes de performance : cf. son *Voices and Instruments of the Middle Ages: Instrumental Practice and Songs in France 1100-1300* (Berkeley, Univ. of California Press, 1986), p. 161-164, 171-173. Les préoccupations de Page sont différentes des miennes ; par exemple, il se soucie plus que moi des instruments spécifiques et des ambiguïtés dans le passage.
4. Les premiers vers de l'œuvre, les premiers folios manquent du seul manuscrit presque complet (Carcassonne, B.M. 34). Il semble heureusement que nous n'ayons pas perdu beaucoup du début du poème ; la fin manque également, et c'est une perte regrettable, car nous ne savons pas comment se terminait le roman – et même combien de folios nous manquent. Toutes les citations et leur traduction sont reprises de *Flamenca, texte édité d'après le manuscrit unique de Carcassonne* par François Zufferey et traduit par Valérie Fasseur (Paris : Librairie générale française, Lettres gothiques, Le livre de poche, 32551. 2014).

Le passage ensuite traite plus en détail les diverses sortes de genres littéraires et de *matières*, et résume le vaste répertoire de tous les jongleurs présents (v. 617-705). Ce catalogue compte pratiquement tous les romans que nous connaissons aujourd'hui, et quelques-uns que nous ignorons. Parmi les romans, il y à la fois les romans antiques et les romans bretons. Tous les romans de Chrétien de Troyes sont là (v. 665 *sq.*) même si lui n'est pas nommé. Ce répertoire exhaustif comprend aussi les chansons de geste (v. 695 *sq.*); des récits bibliques comme l'histoire de la chute de Lucifer, celles de David et Goliath, Samson et Dalila et Judas Macchabée (v. 650-656, 694), et de la poésie lyrique, comme les chansons de Marcabru (v. 702). Ainsi, dans ce long passage, nous avons tout d'abord des considérations sur le caractère musical de bien des performances, ensuite une liste des performeurs, enfin une liste des matières.

Quelque riche et intéressant que soit ce passage, il laisse bien des questions sans réponses. Parmi lesquelles celle-ci: les jongleurs et les autres performeurs travaillaient-ils ensemble, ou chacun pratiquait-il séparément son propre « mestier » (v. 616)? On a plutôt l'impression que c'est la dernière hypothèse. Il n'y a pas de référence à des équipes, des groupes ou des troupes, et chaque type de performeur est énuméré au singulier: « l'us [...], l'us » – l'un fait ceci, l'autre fait cela. Combien de performances avaient lieu en même temps? Comment étaient-elles organisées en termes de logistique, dans des espaces distincts ou un peu partout dans le château? Dans l'hypothèse où les performances étaient présentées successivement, comment cela était-il géré? Par exemple, quel était l'ordre de présentation des matières: était-il aléatoire, ou suivait-il une logique, par exemple la matière noble et digne tout d'abord, la matière grivoise plus tard dans la soirée?

Mais selon les informations qui nous sont données, quelques points sont particulièrement intéressants:

Il est tout d'abord hautement improbable que nous soyons face à une description réaliste, vu la profusion extraordinaire de performeurs et de matériau. Elle est totalement exagérée, et ce passage sera mieux compris comme une glorification, ou tout au moins une apologie des performeurs. Il attire l'attention sur leur art dans toute son excellence et sa diversité.

C'est également une énumération pratiquement encyclopédique des performeurs et de leur répertoire. Ainsi, il est bien probable que le passage énumère tout ce qu'il était possible de performer, plutôt que ce qui était *effectivement* performé dans un quelconque banquet, même important, même luxueusement financé, même très fréquenté par les performeurs.

Dans cette longue liste nous ne trouvons rien que nous puissions identifier comme spécifiquement théâtral, bien que quelques sujets présents ici soient devenus ensuite partie intégrante du répertoire dramatique (la chute de Lucifer par exemple). Cela signifie pour moi non pas que *rien* n'ait été théâtral ici, mais bien plutôt que *tout* était pensé et performé de façon plus ou moins théâtrale, avec une utilisation intense des gestes et du corps comme un ensemble, autant que la musique. À la fin du XIIe et au cours du XIIIe siècle, nous sommes au moment où le théâtre commence à être séparé – distingué – de la performance du jongleur en général. Ici, tout semble être un « show » mis en place par des performeurs.

Il faut remarquer que ce type de passage brouille les distinctions habituelles entre l'oral et l'écrit : bien des éléments énumérés ici viennent indiscutablement de livres (les épisodes bibliques par exemple) alors que d'autres relèvent de la tradition orale (le matériau épique, par exemple) : mais ils sont *tous* présentés comme appartenant au répertoire des jongleurs.

Pour finir, la part du lion dans ce catalogue va indiscutablement au roman. Les romans de toute sorte sont présentés comme performables, et comme tels performés par les jongleurs. À aucun moment, ici ou ailleurs dans le roman, il n'est fait allusion à un roman qui serait lu à haute voix dans des festivités de cour[5] : les performeurs sont ainsi présentés comme travaillant de mémoire, et ayant toute liberté de mouvement de leurs mains et de leur corps.

II

Si les mains et les corps des performeurs étaient libres, ainsi que leur voix, de quels secours étaient-ils pour la performance de *Flamenca* lui-même ? Le passage que j'ai examiné nous encourage, je dirais même

---

5. Toutefois, Flamenca et ses amies se sont lu mutuellement ou ont entendu lire l'histoire de *Floire et Blancheflor* (v. 4481 *sq.*) Mais ce type de performance, que je nomme « lecture érotique » n'est pas effectué par les ménestrels ou les jongleurs, mais par des hommes et des femmes de la cour. C'est un phénomène absolument intime. Sur cette question, voir le chapitre dans ce volume sur la lecture érotique.

nous invite à nous interroger sur la performance de l'œuvre (effective ou projetée). On peut probablement éliminer un type de performance : la lecture silencieuse et privée qui est la norme de nos jours ; cette œuvre présente des romans destinés à une performance publique, physique et souvent musicale, par des jongleurs.

Les indications pour divers types de performance différents sont intégrées dans l'œuvre, destinés à accompagner, compléter et dramatiser le simple récit. Je vais m'attacher à trois d'entre elles, sans croire pour autant qu'elles soient les seules présentes dans le roman. Nommons la première « le fou » ; la seconde « la performance liturgique érotisée », la troisième « le dialogue amoureux intermittent. »

Avant d'aller plus loin, il sera utile de remettre en perspective le long passage que je viens de commenter. L'essentiel dans cette histoire n'est pas le mariage de Flamenca et d'Archambaut : celui-ci devient très vite jaloux de sa femme, au point qu'il l'enferme et fait de sa vie un enfer : elle ne bouge plus et ne rencontre personne, sauf ses dames de compagnie. Mais un nouveau venu, un beau jeune homme noble et instruit nommé Guillem de Nivers, tombe amoureux de Flamenca, à cause de sa célèbre beauté et de sa triste situation. Il parvient à la voir et entre en contact avec elle : il lui offre son amour, qu'elle accepte. Ils mènent une vie amoureuse en secret, divisée en deux moments essentiels (je ne me soucierai que du premier dans ces pages). Nous ne savons pas comment se clôt le roman, le manuscrit s'interrompt brusquement.

Tournons-nous à présent vers les trois styles de performance sur lesquels je vais m'attarder. Ma conviction est que nous pouvons déduire du texte lui-même les types de performance auxquels invite *Flamenca*. Le premier type concerne la figure d'Archambaut, qui comme on vient de le dire, devient follement jaloux de sa femme. Il devient fou, et sa folie et sa déraison ne sont pas destinées à être rapportées de façon plate et simplement verbalisée, mais bien plutôt incarnées, au sens fort : jouées, pas seulement par des mots, mais avec des gestes de tout le corps.

Voici la description d'Archambaut :

> Quant cuja cantar et el bela,
> Quant cuja sospirar, bondis
> Neguna ren non eissernis.
> Lo Pater Noster diz soen
> Del simi, que res non l'enten.

> Tot jorn maleja e regana,
> E fa.il gran dol li genz estraina :
> Quant hom estrainz era intratz
> El si fes mout afazendatz,
> E siblet par captenemen
> Suau diz : « A penas m'en tein
> Que no.us get fors en decazeig ! »
> E det torneja son correig
> E vai chantan *tullurutau*
> E vai danza<n> *vasdoi vaidau*
> Leva.lz cilz et a si donz guinha [...]
> Adoncas fai un joc cani,
> Que las dens mostra e non ri.

> Quand il croit chanter, il bêle ; quand il croit soupirer, il bourdonne. Il ne comprend plus rien. Il dit souvent la patenôtre du singe, dont personne ne saisit mot. À longueur de temps, il peste et maugrée ; la présence d'autrui le met à la torture. Quand un visiteur entre chez lui, il fait l'affairé, siffle pour se donner contenance et marmonne entre ses dents : « je me retiens tout juste de vous jeter dehors, la tête la première ! » et de faire tourner sa ceinture, de chanter *tralalalalère*, de danser *vireli-virelot*. Il hausse les sourcils, lorgne sa femme d'un œil. [...] et d'esquisser un sourire canin : il montre les dents, sans rire (v. 1040-1055, 1067-1069).

Dans ce passage nous sommes confrontés à une voix et des intonations de fou : quand cet homme chante, il braille ; quand il soupire, il hurle. Nous sommes face à des comportements physiques qui appellent un jeu dramatique soutenu de la part du conteur ou d'un autre jongleur. Le visage du performeur est certainement investi : le *gelos* en folie lève les sourcils, cligne de l'œil, il montre ses dents comme un chien. Ses mains également sont à l'œuvre, le fou tourne sa ceinture avec ses doigts. En fait, c'est le corps entier du jongleur qui est convoqué pour nous faire voir et entendre le personnage qui siffle, chante et danse. Pour faire bref, c'est tout un riche ensemble de gestes et de comportements qui est sollicité pour la performance de ce passage.

Cette représentation/incarnation physique d'un personnage dément se poursuit irrégulièrement sur de nombreux vers, avec des sommets d'intensité dramatique. À un moment, le fou s'emporte contre lui-même, tire ses cheveux et sa barbe, se mord la bouche, grince des dents, tremblant, convulsif, brûlant de colère, jetant des regards noirs à Flamenca :

> A si meseis fortmen s'irais,
> Tira.s los pels, pela.s lo cais,
> Manja.s la boca, las dens lima,
> Fremis e frezis, art e rima,
> E fai trop mals oils a Flamenca.

Il alimente sans retenue sa propre colère, s'arrache les cheveux, se griffe les joues, se mord la bouche, grince des dents, frémit et grelotte, brûle et se consume, regarde Flamenca avec des yeux terribles (v. 1115-1119).

À nouveau, le jongleur est invité à personnifier cette folie, à la jouer avec intensité. Un détail intéressant : le narrateur dit qu'à ce moment bien des jongleurs chantent des pièces satiriques, *sirventes, coblas, estribot*, et d'autres, à propos de l'horriblement *gelos* Archambaut. Ainsi, même à l'intérieur de l'œuvre, le comportement d'Archambaut est entré dans la tradition musicale/satirique des performeurs.

À un moment, devenant particulièrement insensé, il court trouver sa femme, agitant les bras comme s'il s'apprêtait à danser avec une paysanne. Quand il la découvre paisiblement assise avec quelques dames, il s'en va ivre de colère et trébuche sur les marches :

> Poissas s'en eis e l'escalier
> Et es cachutz trastotz evers
> Sus els escalos a travers,
> Et ap pauc non s'es degollatz.
> Le malastrucs malaüratz
> Grata l<o>suc, grata la cota,
> Leva.l braier, tira la bota
> Poissas si dreissa, pois s'aseta,
> Pois esterilla, poissas geta
> Un gran badail e pois si seina :
> « *Nomine Domi!* qual enseina
> Es aiso de bon'aventura ! »

Ensuite il se rue dans l'escalier, tombe à la renverse, en travers des marches, manque de se rompre le cou. Le malheureux malchanceux se gratte le sommet du crâne, se masse la nuque, rajuste ses braies, tire sa botte ; ensuite il se relève, s'assoit, s'étire, pousse un grand baillement, se signe « *Nomine Domi* voilà un signe de bon augure » (v. 1254-1265).

C'est une scène spectaculaire, dont la représentation peut faire appel à un talent acrobatique pour une cascade, lorsque l'insensé tombe dans les escaliers. La scène comporte de nombreux autres gestes et des jeux de scène : après sa chute spectaculaire, l'insensé rajuste ses vêtements et ses souliers, se relève, s'assoit, baille et fait le signe de croix.

Bref, ce personnage est caractérisé, non pas seulement par des paroles insensées prononcées de façon folle, mais par un langage corporel excessif. Ce n'est pas qu'un personnage de récit, mais un personnage spectaculaire. Davantage, nous ne devrions pas oublier que l'un des plus populaires types de performeurs était justement le « fou », souvent présenté comme un insensé. À cause de sa jalousie, Archambaut est devenu un fou. On nous dit qu'Archambaut, qui ne se lave plus, arrache ses cheveux par poignées et les met dans sa bouche. Il se comporte comme un chien fou :

> No.s lavet cap ni.s ras la barba :
> Aquella semblet une garba
> De civada quant es mal facha
> Pelada l'ac per luecs e tracha
> E mes los pels totz en la bocha.
> Quan la fort gelosia.l tocha
> El estraga si coma cans.

Il ne se lavait plus le visage, ne se rasait plus : sa barbe ressemblait à une botte d'avoine mal fagotée. Par endroit elle était pelée : il l'arrachait pour se fourrer les poils dans la bouche. Quand la jalousie atteignait son paroxysme, il s'agitait comme un chien fou. (v. 1325-1331)

Nous avons ici affaire à un authentique personnage de fou (décrit également comme un diable et un taureau « fers aversiers » (v. 2440) « taurelz » (v. 4581). Sa présence est prédominante dans la première partie du roman ; Flamenca parle et agit peu. Archambaut occupe le devant de la scène, et ce personnage n'est pas simplement « évoqué » ou « décrit » : il est joué, soit par le jongleur narrateur, soit par un autre acteur. Des trois types de performance que l'on étudiera, celui-ci est de loin le plus général et le moins subtil. Il était cependant sans aucun doute efficace et bien apprécié par son public.

Un deuxième type de personnage et de performance présent dans le roman est sensiblement plus subtil : je le nommerai la « performance liturgique érotisée » ; elle découle de la stratégie de Guillem pour entrer en contact avec Flamenca la séquestrée et la séduire. Revenons rapidement à l'intrigue avant de nous attacher à la performance. Grâce à la jalousie de son mari, personne – et aucun homme plus spécifiquement – ne peut la voir, si ce n'est à l'église ; et même à l'église, elle est voilée et n'a de contact avec personne, sauf le clergé. Nous découvrons toutefois que le beau Guillem, plein de ressources, a été à l'école à Paris et peut servir la messe : il sait lire sur le psautier, il connaît les répons des chants, et il peut dire les leçons du lectionnaire. C'est là que prend place toute la séduction initiale, dans et au travers de sa performance de la liturgie, fortement connotée érotiquement[6].

Nous commençons par la lecture érotique d'un texte liturgique. Avant que Guillem entre dans l'église pour voir Flamenca pour la première fois, nous apprenons qu'il ouvre le psautier et lit « *Dilexi quoniam* », (ps. 114 de la Vulgate). Ce psaume faisait partie de l'office des vêpres, récité chaque lundi – mais son utilisation principale est ici de jouer érotiquement sur le mot *dilexi* (j'ai aimé).

Nous avançons vers une performance plus ou moins érotisée du chant ; il y a quelques passages de cette nature. La première fois qu'il paraît à l'église, Guillem performe la liturgie de Pâques, avec le prêtre. Le célébrant récite l'*Asperges me* et Guillem joint sa voix sur le mot *Domine*, de façon parfaite, mais les yeux tournés vers le petit retrait où Flamenca est confinée :

> Le preires dis : *Asperges me,*
> Guillem s'i pres al *Domine*
> E dis la vers tot per enter.
> An<c non> cug mais qu'e cel mostier
> Fos tam ben dig [...]
> A Guillem remas totz le canz
> Et a son oste que l'ajuda
> Mas soen gara vaus la muda,
> Que del pertus los ueils non mou.

---

6. Helen Solterer a étudié le jeu et la flamboyance avec laquelle le monde du clergé et celui des jongleurs est combiné dans l'œuvre ; alors qu'elle se préoccupe des jeux de langage dans *Flamenca*, sa préoccupation ne touche pas la performance en elle-même. Cf. « Language Games in *Flamenca*, » *The Spirit of the Court: Selected Proceedings of the Fourth Congress of the International Courtly Literature Society, Toronto 1983*, éd. Glyn S. Burgess et Robert A. Taylor (Cambridge : D. S. Brewer, 1985), p. 330-338.

> Le prêtre dit *Asperges me*. Guillaume reprit sur *Domine* et prononça intégralement le verset. Je ne crois pas qu'en cette église on l'eût si bien dit [...] Tout le chant revint à Guillaume et à son hôte qui le secondait. Mais il regardait constamment vers le réduit et ne quittait pas des yeux la petite ouverture. (v. 2470-2474, 2479-2482)

Ce qui est important dans cette partie du roman est que Guillem n'est pas simplement « décrit comme » accomplissant ces actions par un conteur, mais qu'un jongleur jouant cette partie chante au moins le commencement des chants liturgiques auxquels on fait référence. Il est difficile d'imaginer que les mots des chants de Pâques aient été simplement dits pendant la performance alors qu'ils pouvaient effectivement être chantés. Les deux questions qui doivent nous retenir sont : le performeur a-t-il chanté le chant dans son entier, ou simplement quelques mots ? Et assurément plus important : le chanteur était-il différent du narrateur, ou n'est-ce qu'une seule et même personne ? la même question se pose pour l'acteur qui joue Archambaut : est-ce le conteur qui change de rôle et devient Archambaut, ou avons-nous un acteur spécifique pour jouer le fou ?

Nous assistons manifestement au chant d'antiennes particulièrement importantes de l'office par le performeur, accompagné par des regards enamourés. Dans un autre passage significatif, on nous dit que Guillem, le cœur plein de joie, entonne un hymne de Pâques, *Signum salutis*, et que son beau chant apporte la joie aux autres :

> Quan Guillems vi la bell 'ensena
> Del ric tesaur qu'Amor l'ensenna,
> Le cors li ri totz et l'agensa
> Et *Signum salutis* comensa.
> Le sieus cantars plac mout a totz,
> Car mout avia clara voz
> Et cantet ben e volentiers.

Quand Guillaume vit ce signe d'élection dédié au riche trésor qu'Amour lui enseignait, son cœur rit et se réjouit, et il entonna le *Signum salutis*. Son chant plut beaucoup à tout le monde, car il avait la voix très claire et il chantait juste et de bonne grâce (v. 2494-2500).

Il est difficile à nouveau de croire que ce chant pouvait être simplement mentionné, sans être chanté effectivement – et nous sommes manifestement en présence d'un chantre entraîné aux hymnes liturgiques, il les chante bien !

Un dernier exemple de cette belle performance de chantre, avec des connotations sexuelles : lorsque Guillem sert la messe, il chante l'*Agnus Dei* d'une voix claire et belle (v. 3912-3914)[7]. Ce chant essentiel de l'office – où l'on peut probablement comprendre Flamenca comme l'agneau – invite certainement au chant, partiel ou complet, de la part du performeur.

Guillem parvient finalement à s'approcher de Flamenca, et à lui tendre le livre à embrasser, ce qui nous conduit à la question des gestes liturgiques amoureux. Dans un passage, Guillem observe Nicolas, le « clergue », qui à la façon d'un enfant de chœur donne à Flamenca la Paix, avec un livre saint qu'elle embrasse[8]. Après la messe, il parvient à se saisir de ce livre dont il embrasse la page sans se lasser : « E plus de mil ves lo foil baisa » (v. 2597). Ainsi, dans cette partie du roman, nous n'avons pas simplement un chant liturgique érotisé, mais les gestes pour accompagner la liturgie, dans une série des situations éminemment scéniques.

Nous avons des chants et des gestes liturgiques ; il se peut que nous ayons également un autre type de performance, musical et gestuel. On apprend que Guillem trouve moyen de remplacer Nicolas comme enfant de chœur (il offre au jeune homme une bourse pour étudier à Paris, mon détail préféré !). Guillem apprend à sonner les cloches pour la messe, et il le fait si bien que le clocher et l'église elle-même s'en émerveillent : « E quant venc a sonar lo clas / Fes lo tam ben qu'eis le cloquiers / S'en meravilla e.l mostiers » (v. 3832-3834). Il se peut que nous ayons ici une autre sorte de performance musicale à l'œuvre, une amoureuse sonnerie de cloche.

À ce stade nous évoluons vers une nouvelle phase des relations entre Guillem et Flamenca, notre troisième type de performance : le dialogue amoureux intermittent. Nous sommes au fait des questions de performance qui découlent de la stratégie d'approche amoureuse de Guillem envers Flamenca. Il a réussi à lui donner le baiser de paix au

---

7. À propos du motif du clerc chantant d'une voix séductrice, voir également Chaucer, « The Miller's Tale ».
8. Sur le baiser de paix dans la messe médiévale, cf. Joseph A. Jungmann, SJ, *The Mass of the Roman Rite: Its Origins and Development*, trans. Francis A. Brunner, 2 vols. (Westminster, MD : Christian Classics, 1986 ; German revised edition, 1949), vol. 2, p. 321-332, spécialement. p. 329. Le baiser de paix était parfois effectué sur un osculatoire : les membres de la communauté embrassaient l'image du Christ ; ici, il est effectué sur un livre, un psautier apparemment.

travers du livre qu'elle a baisé pendant l'office, livre qu'il a ensuite baisé passionnément lui-même. Mais, on nous le dit, il désire davantage.

Un dialogue remarquable commence alors. Il n'y a rien de remarquable dans les mots eux-mêmes, qui sont absolument conventionnels. Guillem dit « Ai las » (v. 3949). Flamenca répond par une question « Que plains ? » (v. 4344, cité plus loin comme « *que plans ?* »). Il répond « Mor mi » (v. 4503), elle demande « De que ? » (v. 4761). Il réplique « D'amor » (v. 4478). Ils continuent sur ce mode ; généralement, elle pose une question et il répond (bien qu'il y ait deux moments où elle constate les faits plus qu'elle ne pose de question)[9].

C'est donc un dialogue qui se poursuit en une vingtaine d'échanges, d'une trentaine de mots en tout. Ce qui le rend intéressant, malgré sa nature conventionnelle, est qu'il s'étend sur près de 1 800 vers, globalement des vers 3949 à 5735. Ces quelques mots sont inclus dans l'action et dans bien d'autres mots, en particulier bien des monologues des personnages-clés, et des dialogues nourris.

Ce dialogue avec Flamenca a lieu uniquement au moment de la Paix de la messe dominicale, pendant ces quelques secondes qui sont le seul moment pour Guillem, agissant comme servant de messe, peut approcher Flamenca. Il faut donc des semaines pour mener à bien ce dialogue, puisque jamais plus de deux mots ne sont échangés à la fois, et à chaque fois c'est une seule personne qui parle. Ces mots sont prononcés à la hâte, furtivement. Parfois les syllabes le sont du bout des lèvres, « mimées », d'autres fois elles sont chuchotées. Elles sont en tout cas exprimées avec beaucoup de cœur. Les deux amants ont attendu une semaine pour échanger un ou deux mots. On souligne également l'importance du regard. Ces brefs moments sont tous accompagnés du même geste – peut-être légèrement varié – du baiser de paix fait sur un livre. Tout cela constitue une scène

---

9. Le dialogue tout entier se lit comme suit : Guillem : « Hai las » [Hélas]. Flamenca : « Que plans ? » [Que pleures-tu ?] G : « Mor mi » [Je meurs]. F : « De que ? » [De quoi ?]. G : « D'amor » [D'amour]. F : « Per cui ? » [Pour qui ?]. G : « Per vos » [Pour vous]. F : « Qu'en pues ? » [Qu'y puis-je ?]. G : « Guarir » [Guérir]. F : « Consi ? » [Comment ?]. G : « Per gein » [Par art]. F : « Pren l'i » [Vas-y]. G : « Pres l'ai » [C'est fait]. F : « E cal ? » [Quoi donc ?]. G : « Iretz » [Allez]. F : « Es on ? » [Où ça ?]. G : « Ais banz » [Aux bains]. F : « Cora ? » [Et quand ?].G : « Jorn breu » [Sous peu]. F : « Plas mi » [D'accord].

extrêmement intéressante, longue et répétée, et une situation de performance qui représente un défi dramatique. Nous avons une série de moments d'une forte intensité dramatique, réclamant un contrôle précis de la voix et du corps : le buste, les armes, le cou, le visage, la bouche et les yeux.

Il y a cependant une astuce, une habileté supplémentaire dans la performance de cette scène. Les personnages – Guillem et Flamenca – ne se contentent pas de transmettre ces paroles, ils les composent et les répètent dans le roman, devant le public. Nous apprenons que Guillem et Flamenca pensent longuement et attentivement à ce qui leur a été dit par l'autre. Ils se répètent à l'infini les mots prononcés, ils les savourent et s'interrogent sur leur signification, ils s'interrogent sur ce qu'ils vont dire ensuite. Ils répètent leurs répliques – leurs bribes de répliques – des jours à l'avance. En fait, ces vingt échanges, ces quelques mots sont répétés pour certains jusqu'à cinq fois. Tout cela implique que le public du roman – nous-mêmes – apprend également les mots, et que nous sommes aussi prêts à les prononcer que les jongleurs qui les disent effectivement. Nous apprenons par cœur ces brefs échanges.

Prenons un exemple pour montrer et éclairer ce point. Après que Guillem a d'abord dit « Alas ! » à Flamenca, on nous dit qu'elle le ressasse longuement aux deux jeunes filles qui l'accompagnent, Alis et Margarida, et qu'elles s'interrogent sur le sens qu'a voulu donner le beau jeune clerc à ce message de plainte, discutant de la façon dont Flamenca devrait répondre. Finalement, elles se décident sur la nature de sa réponse « Que plans » (v. 4308-4311). Ici, Flamenca échange avec ses amies. Elle commence :

> El dis *Ai las !* e que dirai ?
> — Donna, per Crist, si fos en me, »
> So dis Alis, « eu sa<u>pra ben
> De quai guisa li respondera,
> E ja, so.m cug, no m'i pecquera :
> El dis *Ai las !* ara diguas
> *Que plans ?* ni qu'<al r>e demanderatz !
> — *Ai las ! — Que plans ?* Certes, fa.ssi
> Ben aia qui cest mot chausi !
> *Ai las ! — Que plans ?* Trop ben si fa.
> A Dieus ! aital con obs i a. »
> Mais de mil vez aun ajostat
> *Ai las ! — Que plans ?* e recordat
> La semana enans que venc

> Al dimenegue. Adonc no.s tenc
> Guillems de servir a la messa.

Il a dit *hélas!* que dirai-je ? — Madame, au nom du Christ, si cela ne tenait qu'à moi, répondit Alice, je saurais bien comment lui répondre, et je crois que je ne serais pas maladroite. Il a dit *Hélas!* À votre tour, dites *De quoi te plains-tu ?* Que demander d'autre ? — *Hélas!* — *De quoi te plains-tu ?* Oui, c'est bien, bénie soit celle qui a inventé ce mot-là — *Hélas!* — *De quoi te plains-tu ?* » Ah, Dieu, c'est exactement ce qui convient. Plus de mille fois elles ajustèrent *Hélas!* avec *De quoi te plains-tu ?* et le répétèrent toute la semaine en attendant le dimanche (v. 4304-4319).

Elles répètent ainsi la scène ; les femmes évaluent les possibilités, répètent plusieurs fois les mots que dira Flamenca. Survient le moment attendu :

> Quant el'ac lo sauteri pres,
> Devaus destre, on s'era mes
> En Archimbautz que pres l'estet,
> Quais per escrima plus l'ausset
> Et l'autra part fes biaissar,
> Et quant vole la carta laissar
> Tot planamenz e senes gap
> A dig : « *Que plains ?* » Pois dreissa.l cap
> Et esgaret ben la semblansa
> De son amie et la mudansa
> De sa color, e ben conois
> Que savis es e trics e mois,
> E canta ben at a bels pels,

Lorsqu'elle eut pris le psautier, du côté droit, où s'était placé, tout près d'elle, le seigneur Archambaut, elle le haussa un peu, comme pour une passe d'escrime, tandis qu'elle inclina l'autre partie. Au moment où elle s'apprêtait à quitter le feuillet, elle articula imperceptiblement et sans affectation « De quoi te plains-tu ? », puis elle releva la tête et observa attentivement la contenance de son ami et si son teint changeait. Elle se rendit compte qu'il était sage, habile et discret, qu'il chantait bien et avait de beaux cheveux. (v. 4338-4349)

Nous avons tout d'abord la répétition de « ai las » et de « que plans », avec toute une série d'insistances et d'intonations : surprise, hésitante, triomphante... et nous avons ensuite l'énonciation silencieuse de « que plans ? » par Flamenca elle-même, en même temps qu'un regard amoureux et inquisiteur. Ces mots sont accompagnés de gestes essentiels : Flamenca

– entendons le performeur qui joue Flamenca – lève le livre comme une feinte d'escrime et se penche loin de son mari suspicieux ; elle prononce les mots avec soin mais sans bruit ; elle lève la tête et contemple attentivement son amant.

À coup sûr, voici une belle somme de performances diverses et subtiles – et pour le public de réaction et de participation – nées de ces quelques échanges et de ces quelques mots. Cette longue scène est un tour de force d'invention narrative ; mais aussi d'écriture dramatique en ce qu'elle suscite et contraint à un art de la performance de premier ordre.

On pourra noter que ce dialogue des amants a une ressemblance flagrante avec une *canso* du troubadour bien connu de la fin du XIIe siècle, Peire Rogier[10]. Il est très probable que l'auditoire de *Flamenca* reconnaissait et appréciait le dialogue de Guillem et Flamenca comme une variation sur une *canso* familière, un jeu sur les *topoï* conventionnels. Étant donnée cette probabilité – que l'auditoire connaissait déjà la *canso* de Peire – étant donnée également l'attention portée dans *Flamenca* à répéter les paroles du dialogue par les amants et leur entourage, il est à peu près certain qu'à la fin de ce long passage le public de *Flamenca* connaissait par cœur le nouveau dialogue, répété et joué devant eux. Ils ont été amenés à la mémorisation et à la performance de cette scène remarquable.

---

10. Cette canso, dont l'*incipit* est « Ges non puesc en von vers fallir », est pour une part un échange entre deux amans, qui commence par :
Ailas ! – Que plangz ? – la tem murir.
— Que as ? — Am — E trop ? — Ieu hoc, tan
Que.n muer. — Mors ? — Oc. — Non potz guerir ?
Ieu no. — E cum ? — Tan suy iratz.
— De que ? — De lieys, don suy aissos.
— Sofre. — No.m val. — Clama.l merces.
— Si.m fatz. — No y as pro ? — Pauc. — No.t pes,
si.n tras mal. — No ? — Qu'o fas de !iey.
éd. D. E. T. Nicholson, *The Poems of the Troubadour Peire Rogier* (Manchester, Manchester Univ. Press, 1976), p. 89, v. 41-48. Sur les relations intertextuelles entre Peire Rogier et *Flamenca,* cf. Jean-Michel Caluwé, « Flamenca et l'enjeu lyrique : La médiation de Jaufré Rudel et de Peire Rogier » et Jean-Charles Huchet, « De *Dilexi quoniam à Ai las ! Que plans ? :* De la citation à l'intertexte dans *Flamenca* » *Contacts de langues, de civilisations et intertextualité,* éd. Gérard Gouiran, (Montpellier, Université Paul-Valéry, 1992), respectivement p. 837-853 et 957-966. Cf. également H. Solterer, « Language Games », *op. cit.*

Conclusions

Nous avons abordé trois styles de performance, rattachés à trois épisodes du roman : le fou, la liturgie érotisée et le dialogue amoureux intermittent. Ces trois types de performance, même s'ils ne sont pas les seuls qui peuvent être dégagés de ce roman extraordinaires, nous permettent néanmoins de donner une idée de l'éventail des talents que sollicitait *Flamenca*.

Pour reconstruire et imaginer la performance de *Flamenca* en son temps, deux choix essentiels s'offrent à nous. Le premier est que ce roman servait de vitrine à l'art des performances d'un groupe d'acteurs. Leurs jeux pouvaient accompagner et parfois remplacer la voix du narrateur/conteur. Ainsi, nous aurions un acteur/jongleur pour Archambaut insensé, un autre, un habile chanteur, pour incarner l'élégant et bon chantre Guillem ; pour Flamenca elle-même, nous aurions une jongleresse ou un jeune acteur ; nous pourrions avoir également d'autres performeurs, acteurs et musiciens.

Ou bien nous optons pour un seul performeur, avec un éventail de talents étourdissant, quelqu'un aux capacités acrobatiques apte à jouer des rôles comiques très spectaculaires et des dialogues amoureux subtils, ce performeur devait également avoir une belle voix et au moins une teinture de savoir clérical. Si nous acceptons cette hypothèse, nous sommes en présence d'un authentique et stupéfiant homme-orchestre. C'est en fait l'hypothèse la plus probable, quelque étonnante qu'elle soit, pour deux raisons. La première est l'insistance sur les performeurs solistes, que j'ai déjà relevée dans le passage préliminaire renvoyant aux performeurs et à leur jeu. Tous sont présentés comme travaillant seuls, à l'exception des musiciens qui accordent leurs vielles pour jouer ensemble de la musique de danse (v. 731 sq.). L'autre raison est que les dialogues et les gestes de nature dramatique ou musicale qu'on a mentionnés sont tous intégrés dans la trame du récit, et ne sont pas isolables comme des moments privilégiés. Le plus souvent, nous passons du narrateur au personnage en un seul vers, et nous pouvons faire cet aller-retour plusieurs fois en quelques lignes.

Mais un tel homme-orchestre existait-il ? Y avait-il des jongleurs pourvus de talents si variés ? Ici bien sûr, comme sur bien des questions relatives aux performeurs et à leurs performances, nous manquons cruellement d'informations ; mais la réponse est manifestement « oui ».

Edmond Faral par exemple, dans son ouvrage toujours inégalé *Mimes français du XIIIe siècle (textes, notices et glossaires)*[11] mentionne un jongleur dont le nom subsiste, et qui a réalisé bien des caractéristiques que nous évoquons ici. Cette figure, nommée Vitalis, composa en latin sa propre épitaphe[12], probablement pendant la période carolingienne. Dans son épitaphe, il précise qu'il était capable d'imiter les gestes et la voix de toute sorte de gens, hommes aussi bien que femmes, qu'il amenait à la vie par sa performance. Il dit par exemple « *Fingebam vultus, habitus ac verba loquentum / ut plures uno crederes ore loqui* ». Il pouvait ainsi imiter instantanément les expressions du visage, les tics physiques et les mots de divers personnages, en sorte que différentes personnes semblaient parler par une même bouche. L'étude de Vitalis par Faral intervient dans son introduction à une série de textes, dont *Les deux bordeors ribauds* et d'autres, qui mettaient à l'œuvre de telles capacités.

Que nous ayons devant nous un simple jongleur, travaillant dans une tradition longuement reconnue de mime, ou un groupe d'acteurs jouant cette œuvre ensemble, ce devait assurément être une chose merveilleuse de voir et d'entendre une performance de *Flamenca*. Nous ne pouvons que souhaiter d'y avoir assisté. Bien des traits remarquables et inhabituels du roman ont suscité l'intérêt des lecteurs modernes et des érudits. Mais le trait le moins intéressant de *Flamenca* n'était en aucun cas sa performabilité dramatique et musicale : l'œuvre est une vitrine pour des acteurs de talent.

---

11. *Mimes français du XIIIe siècle (Textes, Notices et glossaire)* (Genève : Slatkine Reprint, 1973 [orig. Paris, 1910]), p. xi-xv. Depuis Faral, d'autres historiens du spectacle se sont également penchés sur Vitalis. Richard Axton l'étudie, ainsi que son art du mime dans *European Drama of the Early Middle Ages* (London : Hutchinson Univ. Library, 1974), p. 17-18. Cf. également Georges Gougenheim, « Le Mime Vitalis » *Mélanges d'histoire du théâtre du Moyen Âge offerts à Gustave Cohen* (Paris : Nizet, 1950), p. 29-33, ainsi que Silvère Menegaldo, *Le jongleur dans la littérature narrative des XIIe et XIIIe siècles*, Champion, 2005.
12. Pour le moins le texte est écrit à la première personne, édité dans *Anthologia Latina Sive Poesis Latinae Supplementum*, éd. Francis Buecheler and Alexander Riese (Amsterdam, Adolf M. Hakkert, 1964 [orig. 1906]), vol. l, Part 2, #487a, p. 38-39 (la référence donnée dans Faral est erronée).

Chapitre 6

La lecture érotique au Moyen Âge : la performance et la re-performance du roman[*]

Dans *Orality and Performance in Early French Romance*[1], j'ai examiné attentivement un type important de performance du récit au Moyen Âge, la déclamation des romans en vers, de mémoire, par les ménestrels et autres performeurs. Dans les pages qui suivent, je vais m'attacher à un type très différent de performance du roman, mais qui n'est pas moins éclairant pour la culture médiévale : la lecture érotique comme un mode de performance.

Quelques définitions tout d'abord ; le mot *érotique* renvoie à la fois au matériau de la lecture, qui traite de l'amour, de façon traditionnelle tirée du roman, et à l'effet de la lecture, qui aboutit à la formation d'un couple, et souvent à une relation sexuelle. Ainsi, on pourrait aussi le définir comme une lecture *érotogénique* ; c'était une sorte de pornographie médiévale *soft* (pornographie dans la mesure où elle est sexuellement stimulante, *soft* dans la mesure où elle est amoureuse plus qu'obscène ou outrageante). Pour la *performance*, j'ai tendance à comprendre ce terme dans son sens le plus large, englobant tous les modes par lesquels du matériel verbal ou littéraire est actualisé ; ainsi, chacune des modalités par lesquelles des

---

[*] Cet article a paru en anglais sous le titre « Erotic Reading in the Middle Ages: Performance and Re-performance of Romance » dans *Performing Medieval Narrative*, éd. Evelyn Birge Vitz, Nancy Regalado et Marilyn Lawrence (Cambridge : D. S. Brewer, 2005), p. 73-88. Une version légèrement différente a été publiée en français sous le titre « La lecture érotique au Moyen Age et la performance du roman », *Poétique* 137 (2004), p. 35-51.

[1]. Evelyn Birge Vitz, *Orality and Performance in Early French Romance* (Cambridge, D. S. Brewer, 1999).

œuvres sont rendues vivantes et portées à l'attention d'un public peut être nommée *performance* (cela pourra inclure la lecture silencieuse et privée).

Dans ces pages, toutefois, par les termes de *performance* et de *re-performance*, je souhaite porter l'accent sur les éléments vocaux et physiques d'une lecture à haute voix, de même que sur l'imitation par les lecteurs des personnages dont on lisait l'histoire, et qui la rejouait dans leur propre vie. Ainsi, notre propos tourne autour de l'action de la lecture dans ses aspects physiques, dramatiques et interpersonnels, en tant que *performance* au sens fort du terme. Dans la lecture érotique, la performance vocale, l'incarnation du texte narratif invite les lecteurs impliqués, qui s'identifient aux personnages, à imiter aussitôt les amants dont ils viennent de lire l'histoire.

La prévalence de la lecture érotique semble en fait avoir encouragé le succès du genre romanesque au Moyen Âge. Toutefois il est vrai également que quelques auteurs ont manifesté une inquiétude morale sur ce mode de lecture comme performance, puisqu'il était souvent associé à un comportement immoral – précisément une relation sexuelle extraconjugale.

Trois scènes mettent en place les éléments essentiels de la lecture érotique comme *performance*. Un passage du roman du XIIIe siècle *Floris et Liriopé* de Robert de Blois contient tous les éléments essentiels d'une lecture érotique : un couple lit à haute voix l'un à l'autre, loin de la cour, dans un *locus amoenus*. L'homme et la femme, tour à tour, lisent une histoire d'amour trouvée dans un roman. Ils lisent avec beaucoup d'émotion, et leur lecture du récit les incite à faire l'amour sur le champ :

> Ce fu en mai, ou tens serain,
> Les .II. conpaignes main a
> S'asirent sous .I. oliuier.
> Biaus fu li leus por soulacier,
> Desous vers, desoure fioris
> Li rosignors biaus et iolis
> En chantant les somont d'amer.
> Or ne doit nuns Flori blamer,
> S'il quiert de son mal medecine.
> Souef vers la bele s'encline,
> Doucement l'estraint a .II. bras,
> En mi la bouche par solas
> La baise .VII. fois par loisir.

> Li grans douçors les fait fremir,
> Si sont andui mout abahi
> De la dousor k'il ont senti.
> .I. romans aportei avoient,
> Qu'eles mout volentiers lisoient,
> Por ce ke tous d'amors estait
> Et au comencement avait,
> Coment Piramus et Thysbe
> Furent de Babiloine nei,
> Coment li enfant c'entramerent,
> Coment lor pere destornerent
> Le mariaige des enfans,
> Coment en avint duez si grans,
> Q'en une nuit furent ocis,
> Andui an une tombe mis.
> Qant ont ceste aventure lite,
> Floris, cui ele mout delite,
> Dist : — Dame, certes, se j'estoie
> Piramus, je vos ameroie,
> Et si vos jur par toz les sains,
> Que je ne vos aim mie moins
> Que cil fist la bele Tysbé
> Or me dites vostre pensé » (v. 955-990)[2].

Liriopé répond qu'elle ressent les mêmes émotions – et est bientôt enceinte d'un enfant qu'ils nomment Narcissus.

Le couple utilise sa lecture croisée du roman comme une incitation à la fois sentimentale et sexuelle. L'homme et la femme marchent seuls tous les deux, main dans la main. Un rossignol par son chant les convoque à l'amour (v. 961). Floris embrasse Liriopé sept fois, ils sont tous les deux désemparés « abahis » par la douceur de ce qu'ils ressentent. Il y a à ce moment, toutefois, une rupture dans le récit, comme si les amants étaient si submergés par la beauté et le bonheur qu'ils ne savent pas quoi faire et comment avancer dans leur relation amoureuse. Mais ils ont amené avec eux un roman qu'ils lisent volontiers, car il est consacré à l'amour (v. 971-973).

---

2. Robert de Blois, Floris et Liriope: *altfranzösischer Roman des Robert de Blois*, éd. Wolfram V. Zingerle (1891 ; Wiesbaden, Martin Sandig, 1968).

Floris et Liriopé ensuite rejouent, s'approprient les passages clés du roman de Pyrame et Thisbé. L'histoire de ces deux amants littéraires ne fonctionne pas ici simplement comme un récit exemplaire au sens général, mais d'une façon plus précise et plus incitatrice ; les amants Ovidiens fournissent à Floris et Liriopé des modèles de sentiments et de comportement. Si l'invitation à l'amour proposée par le rossignol était trop générale pour être utile, celle de Pyrame est source d'une inspiration concrète[3]. Après que Floris a lu ou entendu l'histoire de Pyrame et Thisbé et de leur amour, il se déclare à Liriopé : « Dame, certes, se j'estoie / Piramus » (v. 985-986).

Notre seconde séquence, tirée de l'*Enfer* de Dante (vers 1314), présente un tableau comparable, sauf qu'ici la lecture mène plus clairement et explicitement à la re-performance de l'histoire qui est lue. C'est une des scènes de lectures les plus fameuses de toute la littérature médiévale, où Francesca da Rimini explique à Dante, le pèlerin, comment cette lecture érotique l'a emmenée en enfer, elle et Paolo Malatesta :

« Ma s'a conoscer la prima radice del nostro amor tu hai cotanto affetto, dirò come colui che piange et lice.	« Cependant, si tu veux savoir les origines de notre affection, je veux bien te les dire, même s'il me fallait pleurer en racontant.
Noi leggiavamo un giorno per diletto di Lancialotto come amor lo strinse ; soli eravamo e sanza alcun sospetto.	Un jour, nous avons pris du plaisir en lisant de Lancelot, qui fut esclave de l'amour ; nous étions seuls et sans aucun soupçon.
Per più fiate li occhi ci sospinse quella lettura, e scolorocci il viso ma solo un punto fu quel che ci vinse.	Souvent notre regard se cherchait longuement durant notre lecture, et nous devînmes pâles ; pourtant, un seul détail a suffi pour nous perdre.
Quando leggemmo il disïato riso esser basciato da cotanto amante, questi, che mai da me non fia diviso,	Arrivés à l'endroit où cette belle bouche était baisée enfin par et illustre amant, celui-ci, dont plus rien ne peut me séparer,

---

3. Bien que Floris et Liriopé ne se sentent pas menacés par le suicide de leurs modèles, dans le roman de *Claris et Laris* (fin du XIIIe siècle) le héros lit la triste aventure des deux amants et décide qu'il n'acceptera pas de se soumettre à une telle souffrance. Peu après, malgré tout, il tombe amoureux. *Li romans de Claris et Laris*, éd. Johann Aiton, (1847 ; Amsterdam, Rodopi, 1966) v. 162 sq. Les histoires d'amour dans les romans peuvent être comprises comme sources de contagion.

la bocca mi basciò tutto tremante.	vint cueillir en tremblant un baiser sur mes lèvres.
Galeotto fu'l libro e chi lo scrisse :	Le livre et son auteur furent mon Galehaut ;
quel giorno più non vi leggemmo avante. »	et pour ce jour-là la lecture a pris fin. »
Mentre che l'uno spirto questo disse,	Pendant qu'un des esprits me racontait cela,
l'altro piangëa ; sì che di pietade	l'autre pleurait si fort que, mû par la pitié,
io venni men così com' io morisse.	je défaillis moi-même et me sentis mourir.
E caddi come corpo morto cade[4].	et finis par tomber comme tombe un cadavre[5].
(V, v. 124-42)	

Ces amants ne tirent pas seulement leur inspiration de l'histoire qu'ils lisent par plaisir, « per diletto ». La seule performance d'une lecture à haute voix leur fournit une stimulation sexuelle. C'est précisément après qu'ils ont lu comment les « lèvres riantes » avaient été embrassées par Lancelot que Paolo, tremblant, pose ses lèvres sur Francesca. Menant à ce baiser, le poète insiste sur les parties du corps engagées dans la lecture. Le passage relatif au baiser dans le roman les « vainc » : pendant qu'ils lisent à haute voix, utilisant leurs yeux, leurs bouches et leurs lèvres, Paolo est poussé à embrasser Francesca. Ainsi, il n'était pas seulement conscient du corps du personnage qu'il lisait ou dont il entendait la lecture, mais également du corps de la personne qu'il regardait et qui lisait avec lui, et de son propre corps. Les lèvres décrites dans le baiser invitent celles du lecteur et de l'auditeur à reproduire ce geste du baiser. La performance de la lecture a poussé le couple, éveillé sexuellement, à rejouer la scène.

Le roman a fourni, ici comme dans *Floris et Liriopé*, une histoire modèle physiquement excitante, des plaisirs de l'amour et précisément de l'union sexuelle. Mais ici la répétition est perçue comme moralement répréhensible ; davantage, elle est éternellement fatale. Francesca condamne le livre et son auteur comme entremetteurs, les comparant à Galeotto (Galehaut), qui a servi d'intermédiaire entre Lancelot et Guenièvre dans le *Lancelot* en prose[6]. Dante se montre lui-même sensible au récit de Francesca,

---

4. Dante Alighieri, *The Divine Comedy of Dante Alighieri: Inferno*, ed. and trans. Allen Mandelbaum (New York, Bantam, 1980).
5. Dante Alighieri, *La Divine Comédie*, tr. Alexis-François Artaud de Montor (Brussels : Ligaran, 2015).
6. Il semble qu'il y a une association entre la France et le phénomène de la littérature érotique, sans doute tout simplement parce que les romans d'amour venaient pour l'essentiel des domaines français et anglo-normand. Les amoureux italiens lisaient les scènes d'amour dans les romans français, comme le font aussi les amoureux dans les dans les romans allemands.

s'évanouissant de pitié et s'identifiant à eux. Mais il nourrit semble-t-il une certaine culpabilité dans sa complaisance envers ce type de péché. Il montre clairement que cet amour adultère était coupable : les amants sont en enfer, ils ont été tués *flagrante delicto*. Dante assurément prévient son auditoire et lui-même contre la pratique de la lecture érotique des romans, et ses dangereuses tentations. Alors que Robert de Blois a manifesté son soutien aux amants (« Or ne doit nuns Flori blamer », v. 962), Dante assombrit l'impact plaisant de la lecture érotique par un jugement moral[7].

L'essentiel de l'abondante recherche sur ce passage concerne les questions de *mauvaise lecture* et d'*intertextualité*. Mais face à l'assertion que Paolo et Francesca ont « mal lu » le roman de Lancelot – qu'ils n'ont pas lu assez *loin* (« quel giorno più non vi leggemmo avante » – littéralement « nous ne lûmes pas plus avant ce jour-là ») ou assez *attentivement*[8], ils auraient dû lire vraiment très loin, et très attentivement dans le *Lancelot* pour trouver une condamnation de l'amour adultère. En vérité, il aurait fallu lire un bien autre livre pour trouver ce message[9] ! Francesca et Paolo lisaient pour un *diletto* érotique, ce qui caractérisait

---

7. Relativement à la figure de Galeotto, il est intéressant de relever que Boccace a donné le sous-titre – riche par ses résonances ambiguës – de *Prencipe Galeotto* [Prince Galehaut] à son *Décaméron*. (voir par exemple Robert Hollander, « The Proem of the *Decameron*: Boccaccio between Ovid and Dante », *Miscellanea di Studi Danteschi: in memoria di Silvia Pasquazi*, éd. Alfonso Paolella, Vincenzo Placella, Giovanni Turco [Naples, Federico and Ardia, 1993] 423-438.). Boccace s'est de plus montré déjà intéressé par la puissance de la lecture amoureuse, excitée par Cupidon, pour soulever un désir passionné. Dans son *Filicolo*, Vénus envoie son fils attiser davantage de flammes chez le garçon comme la fille qui ont déjà commencé à s'entraimer depuis l'enfance, en lisant « le saint livre d'Ovide ». (Giovanni Boccaccio, *Il Filocolo*, trad. Donald Cheney with Thomas G. Bergin [New York, Garland, 1985] 46*sq*.) Il n'y a pas eu de traduction française du *Filocolo* depuis le xvie siècle : *Le Philocope de messire Jehan Boccace, florentin, contenant l'histoire de Fleury et Blanchefleur, divisé en sept livres, traduictz d'italien en françoys par Adrian Sevin*, Paris, Denys Janot, 1542. Le *Filocolo* est inspiré du roman français de *Floire et Blanchefleur*, voir plus bas.
8. Mark Balfour défend son point de vue dans « Francesca da Rimini and Dante's Women Readers », *Women, the Book and the Worldly*, éd. Lesley Smith and Jane H. M. Taylor (Cambridge, D. S. Brewer, 1995), p. 71-83.
9. Dans le cycle du *Lancelot-Vulgate*, seule la *Queste del saint Graal* condamne l'adultère ; il n'y a rien de tel dans le *Lancelot Propre*.

bien les lectures romanesques. C'était à la fois sentimental et sexuellement excitant ; c'est ce qui incitait à une re-performance immédiate[10].

On trouve un emploi hautement conscient et énergique de la lecture érotique pour susciter une re-performance immédiate puis réitérée chez deux jeunes amants, dans *Floire et Blanchefleur*, un roman anonyme du début du XIIIe siècle. Un jeune homme (Floire) et une jeune fille (Blanchefleur) ont été élevés ensemble. Bien qu'ils soient déjà épris l'un de l'autre, leurs parents désapprouvent leur union. Les deux enfants sont d'excellents lettrés, ayant été éduqués par un précepteur privé depuis l'enfance :

> En aprendre avoient boin sens,
> du retenir millor porpens.
> Livres lisoient paienors
> u ooient parler d'amors.
> En çou forment se delitoient,
> es engiens d'amor qu'il trovoient.
> Cius lires les fist molt haster
> en autre sens d'aus entramer
> que de l'amor de noureture
> qui lor avoit esté a cure.
> Ensamle lisent et aprendent,
> a la joie d'amor entendent.
> Quant il repairent de l'escole,
> li uns baise l'autre et acole.
> Ensamble vont, ensamble vienent,
> et lor joie d'amor maintienent[11] (v. 229-242b).

---

10. De nombreuses images médiévales montrent des scènes où des personnages lisent à haute voix des versions de l'histoire de Lancelot et de Guenièvre. Michael Camille a relevé que voir des représentations de baisers dans les livres « pouvait avoir un effet excitant chez ceux qui les lisaient » (« Gothic Signs and the Surplus: The Kiss on the Cathedral », *Contexts: Style and Values in Medieval Art and Literature*, éd. Daniel Poirion and Nancy Freeman Regalado, Special Issue of Yale French Studies (New Haven : Yale University Press, 1991), p. 164. Ce que je souligne ici n'est pas simplement l'action de regarder des images dans les livres, mais l'acte de lire des histoires d'amour et de réactualiser les rôles et les situations du récit.
11. *Floire et Blancheflor*, éd. Jean-Luc Leclanche (Paris, Champion, 1980).

Les questions morales sont présentes ici (les parents ont interdit leur amour), mais le narrateur exprime son approbation de l'activité des amants : à ce titre, il est comme Robert de Blois et s'oppose à Dante. Les livres que lisent les amants ne sont pas précisés dans le roman, mais contiennent des histoires d'amour, et viennent probablement des livres *paienors* (v. 231) – une référence peut-être au roman d'*Eneas* ou au matériau ovidien, tel que Pyrame et Thisbé. Ces œuvres païennes doivent peut-être être comprises comme libres des entraves de la moralité chrétienne dans les histoires d'amour qu'elles proposent à l'imitation et à la re-performance par ces jeunes amants exubérants.

C'est à la fois l'exemplarité de la performance des histoires d'amour et le rôle égal des sexes qui trouvent leur complète expression ici. Alors que dans *Floris et Liriopé* et dans l'*Enfer* nous avons vu des couples en train de se former, dans *Floire et Blancheflor* c'est un couple constitué qui trouve une inspiration amoureuse supplémentaire dans sa lecture ; les deux mettent en pratique ce qu'ils ont lu comme une sorte de « travail à la maison ». Floire et Blancheflor sont des partenaires à parts égales dans cette activité. Ils font cela ensemble, sans que l'un entraîne l'autre contre son gré. Une telle parité entre les sexes a été le cas dans chacun de nos trois exemples. Plus précisément, les femmes ne sont nullement représentées comme des figures passives ; elles ne sont pas moins actives, pas moins lectrices averties, pas moins amoureuses que les hommes. C'est sans doute ce que nous devons comprendre : dans la lecture du roman, à la différence de beaucoup d'activités de la période médiévale, le jeu était égal entre les sexes.

Ces trois passages nous offrent la lecture érotique dans sa forme la plus accomplie et la plus complète, et associée à une prompte re-performance de l'histoire par les lecteurs. La référence à l'amour, stimulante ou érotogénique, peut se trouver toutefois dans des formes atténuées ou fragmentaires, moins clairement liées à une immédiate re-performance du récit. De telles lectures proposent également une stimulation amoureuse, mais agissent sur l'imagination érotique plus que sur le corps d'une manière immédiate ou impérieuse. On peut voir des personnages sans amant qui lisent dans un roman, espérant trouver bientôt l'amour eux-mêmes et être en position de réactualiser l'histoire. La re-performance du matériau amoureux est ainsi différée, mais reste anticipée.

Un grand nombre de passages intéressants montre un ou plusieurs membres d'un même sexe lisant des romans dans le but d'apprendre à aimer les personnes du sexe opposé ; c'est une sorte d'apprentissage littéraire de l'amour. Un bon exemple vient du roman occitan de la fin du XIIIe siècle, *Flamenca*. Ici, les personnages de jeunes filles sont montrés comme se faisant la lecture l'une à l'autre, en l'absence d'hommes. Elles lisent un roman sur l'amour – en fait, le livre qu'elles lisent est précisément *Floire et Blancheflor* ! On nous montre leur lecture comme les préparant à devenir elles-mêmes des amoureuses. Dans une scène, deux amies aident l'héroïne, Flamenca, à s'entraîner à la liturgie du baiser de paix sur un livre. Le baiser de paix est un moment important de la messe catholique, où les membres de la communauté échangeaient un baiser rituel en embrassant, chacun à leur tour, un livre sacré ; Flamenca doit s'entraîner à cette sorte de baiser parce qu'elle et un jeune homme nommé Guillem de Nivers sont sur le point d'entamer un dialogue amoureux prudent mais passionné, pendant qu'ils baisent le livre à la messe (Flamenca et Guillem doivent être très prudents, parce que le mari jaloux se trouve près d'elle à l'église). Ainsi, l'utilisation d'œuvres autres que le roman est possible, et même les gestes religieux et les livres liturgiques peuvent être chargés érotiquement.

Flamenca dit à Alice :

> — Vai sus, Alis, et contrafai
> Que.m dones pas si con el fai ;
> Pren lo romanz de Blancaflor. »
> Alis si leva tost e cor
> Vas una taula on estava
> Cel romans ab qu'ella mandava
> Qu'il dones pas, e pois s'en ven
> A si dons, c'a penas si ten
> De rire quan vi ques Alis
> A contrafar ap pauc non ris.
> Lo romanz ausa davaus destre
> E fa.l biaissar a-ssenestre,
> E quan fes parer que.l baises
> Il dis : « Que plans ? »...

— « Lève toi, Alice, et fais semblant de me donner la paix, comme il l'a fait. Prends le roman de Blanchefleur. » Alice se leva aussitôt et se précipita vers une table où se trouvait ce roman avec lequel sa maîtresse voulait qu'elle lui donnât la paix. Elle revint ensuite vers sa dame, qui se tenait à grand peine de rire en la voyant imiter le clerc sans réussir à garder son sérieux. Flamenca haussa le roman du côté droit et l'inclina du côté gauche, et lorsqu'elle fit semblant de le baiser, elle murmura « — de quoi te plains-tu ? » (v. 4475-4488)[12].

Ici s'insère la re-performance de l'histoire d'amour de Floire et Blanchefor, mais il y a un délai entre la lecture par la jeune femme – lecture à laquelle nous n'assistons pas dans le roman mais que nous sommes invités à supposer – et la re-performance. D'abord, les jeunes femmes lisent à haute voix l'une à l'autre, sans leurs amants. Ensuite, elles utilisent à la fois l'histoire et l'objet physique du livre alors qu'elles font la répétition de leur action amoureuse : Flamenca s'entraîne à baiser le livre, qui est associé à l'amour et à l'érotisme, pour se préparer à donner des baisers à son amant dans une affaire d'adultère. Bientôt son amie prendra elle aussi un amant[13].

Dans *Flamenca*, un groupe de jeunes femmes lectrices de romans se prépare à rejouer le matériau amoureux à la première occasion. Mais les scènes de lecture érotique par des amoureuses en puissance, avec une re-performance différée, sont plus communes. Par exemple, dans *L'Espinette amoureuse* de Jean Froissart (*circa* 1369), la lecture érotogénique est d'abord effectuée par un jeune homme seul, et elle s'accomplit, se rejoue plus avant dans le récit. Deux scènes sont particulièrement éclairantes. Premièrement, le narrateur raconte comment il s'adonnait jeune homme à la lecture des romans. Ses lectures excitaient son imagination amoureuse.

> Et quant li temps venoit divers
> Qui nous est appellés yvers,
> Qu'il faisoit laid et plouvieus,
> Par quoi je ne fuisse anoieus,
> A mon quois, pour esbas eslire,

---

12. *Flamenca, texte édité d'après le manuscrit unique de Carcassonne* par François Zufferey et traduit par Valérie Fasseur (Paris : Librairie générale française, « Lettres gothiques », Le livre de poche, 2014).
13. Pour Jean-Michel Caluwé, Floire et Blancheflor constituent des modèles de comportement pour Flamenca et ses amies autant que pour Guillem : « modèles actantiels consacrés par la fiction », (« *Flamenca* et l'enjeu lyrique. La médiation de Jaufré Rudel et de Peïre Rogier », *Contacts de langues, de civilisations et intertextualité IIIe Congrès international de l'association internationale d'études occitanes*, éd. Gérard Gouiran, vol. 3 [Montpellier, Centre d'études occitanes de l'Université de Montpellier, 1990], p. 849.

> Ne vosisse que rommans lire.
> Especiaument les traitiers
> D'amours lisoie volentiers,
> Car je concevoie en lisant
> Toute cose qui m'iert plaisant (v. 309-318)[14].

Le narrateur aiguillonné par l'amour rencontre une jeune femme qui partage ses goûts, car elle aussi lit des romans d'amour. La lecture des romans indique au jeune protagoniste que la jeune fille est disponible pour l'amour :

> Droitement sus l'eure de prime
> S'esbatoit une demoiselle
> Au lire .I. rommanc. Moi vers elle
> M'en ving et li dis doucement :
> « Par son nom ce rommanc comment
> L'appellés vous, ma belle et douce ? »
> Elle cloy atant la bouce,
> Sa main dessus le livre adoise
> Lors respondi comme courtoise
> Et me dist : « De *Cleomadés*
> Est appellés. Il fu bien fes
> Et dittés amoureusement.
> Vous l'orés, si dirés comment
> Vous plaira dessus vostre avis. » (v. 696-709)

Sa bouche et sa main marquent clairement, même si c'est avec discrétion, le caractère physique de sa lecture à haute voix, et sa nature interpersonnelle : sa bouche est ouverte alors qu'elle lit, elle la ferme et l'ouvre à nouveau pour parler au narrateur. Elle met la main sur le livre qu'elle partagera bientôt avec le narrateur.

Nous ne sommes pas seulement conscients de son livre, mais aussi de son corps, les deux s'inscrivent dans une relation métonymique. Sa lecture combine le plaisir personnel avec une invitation, elle s'offre à lire le roman à haute voix pour le jeune homme. Tous deux forment alors un couple, lisant de concert, et ce passage devient à part entière une scène de lecture érotique. Ainsi, la lecture isolée des romans par chacun des deux

---

14. Jean Froissart, *L'Espinette amoureuse*, éd. Anthime Fourrier (Paris, Klincksieck, 1972).

personnages était manifestement érotogénique, et une fois qu'ils se sont rencontrés et qu'ils lisent ensemble, ils commencent à rejouer les histoires d'amour qu'ils ont lues.

Le caractère érotique de la lecture par un lecteur solitaire peut ne pas être reconnu explicitement dans un texte, il n'en est pas moins clair. Plus précisément, nous avons à reconnaître l'importance de la dimension érotique du corps, même dans les scènes de lecture où le lecteur n'a pas à ce moment-là d'amant. Examinons à nouveau sous cet angle une scène généralement comprise comme une simple représentation de « literacy » vernaculaire. C'est la scène de lecture la plus célèbre de la littérature médiévale française, celle qui se trouve dans *Yvain ou le chevalier au lion* de Chrétien de Troyes : le héros rencontre une jeune fille qui lit un roman à haute voix à ses parents :

> Mesire Yvains el vergier entre
> Et aprés lui toute sa route ;
> Apuyé voir deseur son coute
> Un prodomme qui se gesoit
> Seur .i. drap de soie, et lisoit
> Une puchele devant li
> En un rommans, ne sai de cui.
> Et pour le rommans escouter
> S'i estoit venue acouter
> Une dame, et estoit sa mere.
> Et li prodons estoit sen pere.
> Et se pooient esjoïr
> Mout de li veoir et oïr,
> Car il n'avoient plus d'enfans.
> Nen n'avoit pas .xvii. ans,
> Et s'estoit si bele et si gente
> Qu'en li servir meïst s'entente
> Li Dix d'amours, s'i le veïst ;
> Ne ja amer ne la feïst
> Autrui, s'a lui meïsmes non[15] (v. 5356-5375).

---

15. *Le Chevalier au lion (Yvain), Chrétien de Troyes : Romans*, éd. et trad. David F. Hult (Paris, Lettres gothiques-Poche, 1994).

La jeune fille lit à ses parents étendus près d'elle sur des draps de soie dans l'herbe – mais Yvain est là également : il est auditeur et spectateur. C'est une scène de tentation érotique pour lui, un test : tombera-t-il amoureux de la belle lectrice, et prendra-t-il une nouvelle épouse ? Prendra-t-il la place des parents sur cette belle couche dans le jardin ? La jeune fille est agitée devant Yvain comme un appât amoureux, elle est si belle que le dieu d'Amour lui-même serait tombé amoureux d'elle, et s'il l'avait vue il l'aurait prise pour lui-même. Il faut se rappeler qu'Yvain est tombé amoureux de son épouse Laudine pendant qu'elle tenait un livre à la main, regardant ou lisant le psautier, alors qu'elle pleurait la perte de son premier époux. La construction parallèle ici semble suggérer que toute lectrice solitaire est à la fois désirable et disponible ; une possibilité étonnante, qui implique des parallèles entre la lecture érotique et la lecture de dévotion. Il faut porter au crédit d'Yvain qu'il résiste à la tentation. Certes, la jeune fille ne fait pas vraiment la lecture à un amant, mais la formation du couple est indiscutablement en arrière-plan ; les parents de la jeune fille – et potentiellement la jeune fille elle-même – s'attendent à ce qu'Yvain tombe amoureux d'elle. Même, son père se met en colère et insulte Yvain quand il refuse d'épouser sa fille. Cette fois-ci, toutefois, grâce à l'héroïque loyauté d'Yvain à son épouse, le nouveau couple ne se forme pas.

Ce fameux passage d'*Yvain*, comme celui de l'*Inferno* de Dante, met en avant un élément remarquable : la plupart des passages de lecture profane dans la littérature médiévale, y compris les plus fameux, sont des scènes de lecture érotique. Les personnages lisent, et sont amenés à rejouer dans leur vie fictionnelle les histoires qu'ils ont lues. Par contraste, il existe très peu de scènes de lecture non érotiques dans les œuvres médiévales. Si nous considérons ces scènes de lecture érotique dans le contexte plus large de la performance au Moyen Âge, nous devons nous poser la question : qu'est-ce qui distingue cette lecture érotique des autres modes de performance ?

Quelques traits rendent la lecture érotique différente des autres modes de performance médiévale du récit. Tout d'abord, la lecture est privée et non publique. Deuxièmement, les lecteurs ne sont pas des professionnels, mais des hommes et des femmes ordinaires. Troisièmement, certaines parties du corps sont mises en avant : les yeux, la bouche, les mains (dans des performances professionnelles, il n'y a pas d'insistance sur ces parties du corps). Quatrièmement, l'œuvre est spécifiquement romanesque ; il n'y a pas de large éventail d'œuvres. Enfin, les narrateurs soulèvent parfois des interrogations d'ordre moral dans leur représentation de la lecture érotique.

La dimension d'un espace public opposé à un espace privé est importante. Au long du XIIIe siècle, des ménestrels professionnels ont souvent performé des romans dans un espace public. Les nombreuses scènes de ce type, les références à la performance de romans – et d'autres œuvres – par les ménestrels impliquent que les performances publiques et professionnelles étaient la norme. À partir du milieu du XIIIe siècle, des lecteurs entraînés, *praelectores*[16] lisaient à haute voix et en public des romans en prose et en vers. Par contraste, la lecture érotique avait lieu en privé, pas dans une salle commune ; elle impliquait une perception plus intime du matériau narratif, fréquemment par un homme et une femme qui avaient déjà l'amour en tête.

Les lecteurs érotiques étaient, typiquement, des hommes et des femmes de la noblesse ; des amants – et des amants en puissance – plus que des lecteurs professionnels ou des amuseurs. Bien que certains performeurs professionnels aient certainement tiré parti de leurs corps comme un ensemble, la lecture érotique jetait la lumière sur des parties du corps par lesquelles s'établit l'intimité, les yeux, les lèvres, la bouche, les mains ; et par là, implicitement, sur l'excitation intérieure qui s'ensuit, physiologique aussi bien que psychologique. Mais l'acte de la lecture érotique tout autant que les scènes littéraires auxquelles il s'attachait mettaient l'accent sur l'art d'aimer ; les lecteurs recherchaient des modèles qui leur donnent le désir d'amour, qui leur enseignent comment aimer, et plus particulièrement, comme aller vers l'acte amoureux.

La lecture érotique est également associée aux lettres d'amour et au lai, mais le roman semble avoir eu historiquement une relation très forte avec elle, en ce qu'elle constituait une forme particulière de performance d'une œuvre, avec de puissantes implications affectives, physiques, et interpersonnelles. Le pouvoir émotionnel de la lecture érotique comme performance peut nous aider à comprendre, au moins en partie, pourquoi le genre romanesque a été si populaire au Moyen Âge.

---

16. Sur cette question, *Orality and Literacy*. Sur les *praelectores*, voir Joyce Coleman's *Public Reading and the Reading Public in Late Medieval England and France* (Cambridge, Cambridge University Press, 1996).

La lecture érotique était une façon de performer le roman. Davantage, ce mode de performance, dans la mesure où il a été largement privilégié, peut à son tour avoir suscité la composition de nouveaux romans, destinés précisément à ce mode de performance. On pourrait considérer cela comme une niche médiévale de marketing littéraire : la production de romans destinés à une lecture érotogénique par des personnes qui espèrent être bientôt des amants.

Quelques romans peuvent ainsi devoir leur existence même à cette pratique de la lecture érotique. Parmi eux, le *Tristan* de Thomas, écrit à la fin du XIIe siècle. Thomas ne nous propose pas un, mais plusieurs modèles d'amants, car Tristan et Yseut ne sont pas les seuls à s'aimer, tous les personnages du roman sont amoureux, de diverses façons. Marc, Yseut aux blanches mains, Tristan le nain, Kaherdin, Brangien, Cariadoc. Thomas dit à la fin de son œuvre :

> Tumas fine ci sun escrit :
> A tuz amanz saluz i dit,
> As pensis e as amerus,
> As emvius, as desirus,
> As enveisiez e as purvers,
> (A tuz cels) ki orunt ces vers
> (S)i dit n'ai a tuz lor voleir,
> (Le) milz ai dit a mun poeir,
> (E dit ai) tute la verur,
> (Si cum) jo pramis al primur.
> E diz e vers i ai retrait :
> Pur essample issi ai fait
> Pur l'estarie embelir,
> Que as amanz deive plaisir,
> E que par lieus poissent troveir
> Choses u se puissent recorder :
> Aveir em poissent grant confort,
> Encuntre change, encontre tort,
> Encuntre paine, encuntre dolur
> Encuntre tuiz tuiz engins d'amur[17] ! (v. 38-57)

---

17. *Tristan et Iseut : les poèmes français, La saga norroise*, éd. et trad. Daniel Lacroix et Philippe Walter (Paris, Lettres gothiques-Poche, 1989).

Thomas semble renvoyer ici à la pratique de la lecture érotique, dans son sens le plus général. Il parle aux amants, à ceux qui ont un partenaire et désirent de grands modèles, à ceux qui sont seuls et aspirent à l'amour, ou ont subi une perte amoureuse. Le livre de Thomas est destiné aux hommes et aux femmes qui souhaitent lire, méditer, se souvenir et fantasmer sur l'amour, et apprendre à être des amants. C'est, apparemment, la mission poétique de Thomas.

On peut faire le même raisonnement pour la plus importante œuvre du Moyen Âge, celle qui a eu la plus grande influence, le *Roman de la Rose*. Ce roman découle naturellement de la lecture érotique et se nourrit de sa pratique, dans une dimension érotogénique. L'œuvre semble bien avoir été conçue et destinée à un tel emploi. Le *Roman de la Rose* propose des modèles et des leçons amoureuses que les lecteurs et les auditeurs qui désirent aimer devraient apprendre par cœur et appliquer – re-performer – dans leurs propres vies dès que l'occasion s'en présente. Dans le texte de Guillaume de Lorris, le dieu d'Amour rend ses enseignements explicites et aisément mémorisables. *Voici* ce que font les amants, *voici* comment les amants se comportent et ce qu'ils ressentent, *voici* les règles, *voici* les modèles. L'œuvre est réellement un *miroir des amants*, littéralement un mode d'emploi pour des amants potentiels. Comme Guillaume le dit au commencement de son œuvre : « Ce est li romanz de la rose / ou l'art d'amours est toute enclose » (v. 37-38).

La continuation du roman par Jean de Meung invite souvent à l'imitation et à la re-performance, plus clairement encore – à coup sûr avec plus de vigueur que ne le fait la partie de Guillaume. Les figures de Nature et de Genius, qui mènent à la conclusion de l'œuvre, exhortent énergiquement l'amant – et avec lui les lecteurs du livre – à perpétuer l'espèce humaine par la reproduction. Genius conseille :

> Metez tous voz outils en oevre :
> Assez s'eschauffe qui bien oevre,
> Arez, pour dieu, baron, arez
> Et vos lignages reparez ! (v. 19703-19706)[18]

---

18. Guillaume de Lorris et Jean de Meun, *Le Roman de la Rose*, éd. et trad. Armand Strubel (Paris, Lettres gothiques-Poche, 1992).

Les métaphores érotiquement chargées – la charrue, le stylet, le marteau, le bâton du pèlerin – et les figures imagées utilisées par Jean pour rapporter la prise du Château et la cueillette/pénétration de la rose servent de stimulation sexuelle aux lecteurs.

Récapitulons les questions que nous avons explorées dans ces pages, et leurs implications. La lecture érotique comme mode de performance se situe à un carrefour complexe : elle nous rappelle l'exemplarité fondamentale du récit : le Moyen Âge a manifestement compris que les récits – qu'ils portent sur les saints, d'autres héros ou des amants – ont suscité l'imitation chez les auditeurs ou les lecteurs. Dans la mesure où cette lecture érotique doit être conçue comme une pratique de lecture, elle constitue une part importante de l'histoire littéraire ; elle doit être mise en parallèle avec d'autres types de lecture : dévotionnels, érudits, administratifs[19]. Son importance sociale et culturelle n'a pas été explorée jusqu'ici, et mérite de l'être.

La lecture érotique n'est pas seulement un des points importants de la « literacy » médiévale, elle semble avoir exercé une influence importante sur d'autres pratiques de lecture et de performance – comme nous le rappelle la scène osée du baiser de paix liturgique pratiquée sur un roman, dans *Flamenca*. Des ressemblances frappantes se trouvent certainement entre la lecture érotique et la lecture de dévotion, et cette question

---

19. Voir par exemple, Michael T. Clanchy, « Looking Back from the Invention of Printing, » *Literacy in Historical Perspective*, éd. Daniel P. Resnick (Washington DC : Library of Congress, 1983), p. 16-17. La catégorie de « littérature vernaculaire » de Clanchy est très vague et demande une élaboration plus approfondie. De fait, la littérature vernaculaire contient toutes les catégories que possède la littérature latine, et probablement quelques autres en plus. Paul Saenger a considéré que les pratiques de lecture érotique ont apparu dans le Moyen Âge tardif, avec la lecture silencieuse. Cf. *Space Between Words: The Origins of Silent Reading* (Stanford : Stanford University Press, 1997) 274 *sq*. J'espère avoir montré que la littérature érotique *cum* performance est apparue largement plus tôt. Le propos de mon article concernait initialement la lecture en langue vernaculaire. Mais le phénomène que j'examine semble également avoir existé dans la culture latine médiévale. Pensons à l'histoire d'Héloïse et d'Abélard ! Cf. de même Ziolkowski, *Alan de Lille's Grammar of Sex: The Meaning of Grammar to a Twelfth-Century Intellectual* (Cambridge : The Medieval Academy of America, 1985). Ziolkowski étudie l'utilisation du langage sexuel dans des textes grammaticaux, que certains lecteurs d'Alain de Lille peuvent avoir lu de façon érotique (i.e. en étant excités sexuellement par cette lecture). Cf. également Bruno Roy, *L'Érotisme au moyen âge : études présentées au troisième colloque de l'Institut d'études médiévales* (Montréal : Aurore, 1977).

mérite une étude attentive. Les deux types de littérature ont la même ambition : d'inciter le cœur à une relation amoureuse. Alors que la lecture de dévotion est, assurément, d'orientation spirituelle, le christianisme est une religion de l'Incarnation : le corps de l'être aimé humain et celui du Bien Aimé divin ne peuvent jamais être complètement séparés ou distingués. Certaines études récentes ont montré que bien des textes religieux, livres d'heures ou psautiers, contiennent dans leurs marges des images clairement sexuelles[20].

La lecture érotique représente, comme nous l'avons vu à diverses reprises, une partie importante de l'histoire des femmes, comme lectrices autant que comme amantes. Combien de femmes ardemment amoureuses avons-nous vu lire, ou écouter lire, dans ces pages : Blanchefleur, Francesca, Flamenca, la jeune fille d'*Yvain*, et d'autres. Bien souvent, elles mettent en pratique l'histoire des amoureux qu'elles ont lue. La pratique d'une lecture érotique est un enjeu important du débat sur le statut éthique de la fiction et plus généralement de la littérature profane. Un autre débat, qui lie les deux, posait la question : la « literacy » des femmes était-elle en fait souhaitable[21] ?

Mais en tout cas la lecture érotique est importante dans l'histoire de la performance parce qu'elle met l'accent sur le corps, l'auditoire, et la puissante dimension interpersonnelle du « lire ensemble », de fait, l'éminente puissance séductrice de cette activité. La relation entre le lecteur et son auditeur est de toute première importance : la transmission du texte s'effectue non seulement par le biais d'une voix, mais aussi par celui d'un corps vers l'autre ; les questions soulevées par la lecture érotique nous rappellent avec force que la lecture *est* une performance.

---

20. Cf. Michael Camille, *Image on the Edge: The Margins of Medieval Art* (Cambridge : Harvard University Press, 1992). *Images dans les marges : aux limites de l'art médiéval*, traduit de l'anglais par Béatrice et Jean-Claude Bonne, Gallimard, impr. 1997.
21. La question des femmes lectrices n'a pas été étudiée en détail jusqu'à très récemment. Cf. par exemple *Histoire de la lecture dans le monde occidental*, sous la direction de Guglielmo Cavallo et Roger Chartier, Le Seuil, 2001.On parle des femmes comme lectrices d'Ovide, mais on ne les évoque plus dans ce livre, avant d'aborder le xviiie siècle. Quelques volumes récents traitent des femmes et des livres, et des femmes comme lectrices, mais les livres en question sont généralement des livres d'érudition, de sagesse et de dévotion, pas des romans ou du matériau profane. Cf. *Women, the Book, and the Godly: Selected Proceedings of the St. Hilda's Conference*, 1993, éd. Lesley Smith and Jane H. M. Taylor (Woodbridge, Suffolk : D. S. Brewer, 1995) et *Woman and the Book: Assessing the Visual Evidence*, éd. Lesley Smith and Jane H. M. Taylor (London, British Library, 1997).

Table des matières

Introduction 7

Chapitre 1
La performabilité dans le cycle de Guillaume d'Orange : La Prise
d'Orange et Le Moniage Guillaume 15

Chapitre 2
La théâtralité et ses limites : le dialogue et l'art du conteur dans les
romans de Chrétien de Troyes 33

Chapitre 3
La performance bigarrée d'Aucassin et Nicolette 51

Chapitre 4
Le Roman de la Rose, performé à la cour 65

Chapitre 5
Une vitrine pour les talents : la performance dans Flamenca, la
performance de Flamenca 79

Chapitre 6
La lecture érotique au Moyen Âge : la performance et la
re-performance du roman 97

Achevé d'imprimer en France par Présence graphique
2 rue de la Pinsonnière – 37260 Monts
N° d'imprimeur : 052272264

Dépôt légal à parution